YoungUser – Computerhefte und mehr

Home

Du bist hier in einer Serie gelandet, nein keine daily soap, sondern eine Reihe von Computerheften. Sie sind für dich und deine Freunde gemacht. Für diejenigen von euch, die wissen wollen, wie es geht und für diejenigen, die noch mehr wissen wollen.

Klar kann jeder einfach ausprobieren, aber es gibt so wahnsinnig viel, was du mit dem PC machen kannst: spielen, lernen, gestalten, programmieren, informieren oder mit anderen in Kontakt kommen. In der Serie **YU-MAGS** findest du eine Menge Informationen, Tipps und Anregungen, wie du den Computer persönlich und effektiv nutzen kannst.

Info: Außerdem findest du alles zu den Heften und wichtige Ergänzungen auf **www.younguser.de**.

Das gibt's

Die Serie **YU-MAGS** behandelt alle Themen rund um den Computer und ist in zwei Bereiche aufgeteilt.

Du findest im **Office-Style** alles, was du mit den Programmen Word, Excel, PowerPoint, Access und Frontpage machen kannst. Die Themenschwerpunkte der Projekte sind Schule und Job.

Im **Free-Style** bekommst du Projekte, die sich mehr an deinen individuellen Interessen orientieren: Musik, Handys, Netzwerke, Animationen, Programmierung, Bildbearbeitung und Webseiten.

Du entscheidest, mit welchem Thema du einsteigst. Du kannst dein eigenes Tempo wählen und Schritte wiederholen. Mit jedem Heft wächst dein Wissen – be prepared.

Login

Das Login checkt mit dir Kenntnisse und Fähigkeiten, die du in diesem Heft bekommst und welche Voraussetzungen du dafür brauchst.

Computerwissen ist so umfangreich, dass gar nicht alles in ein Heft reinpasst. Außerdem steigt jeder mit unterschiedlichen Kenntnissen ein. Ob das Heft auch deinen Bedürfnissen entspricht, kannst du hier nachschauen.

Das kannst du ...

Du hast schon öfter mal am Computer gesessen und das eine oder andere ausprobiert. Die Maus ist deshalb für dich kein Haustier mehr und die Tastatur suchst du nicht am Klavier. Klicken, Doppelklicken oder Ziehen sind leichte Fingerübungen. Wenn es heißt, die Enter-Taste drücken, bricht bei dir nicht die Panik aus.

Du beherrschst die Fenstertechnik von Windows, weißt also, was Minimieren, Maximieren und Schließen in diesem Zusammenhang bedeuten. Laufleisten benutzt du zur Fortbewegung des Bildausschnittes und nicht zur sportlichen Betätigung.

Bei Menüs denkst du nicht nur ans Essen, sondern an Befehlsbereiche in Programmen. Und dabei fallen dir dann auch sofort Symbolleisten ein. Über ihre Schaltflächen kannst du schnell auf Befehle zugreifen.

Login

Du kannst Programme nicht nur am Fernsehgerät starten und beenden und weißt, was Dateien sind und dass sie in Ordnern gespeichert werden. Wenn du am Computer schreibst, wunderst du dich nicht, dass der Text da anfängt, wo der Cursor blinkt. Du schaffst es auch locker mit der Enter-Taste in die nächste Zeile zu kommen.

Zum Surfen im Internet benutzt du kein Brett. Begriffe wie www, Browser und Link haben durchaus eine Bedeutung für dich.

Das bekommst du ...

☐ **Kenntnisse**
- Folien gestalten und strukturieren
- Text formatieren
- ClipArts einfügen und verändern
- eigene Grafiken erstellen
- Textfelder benutzen
- Tabellen und Diagramme in PowerPoint erstellen
- Vorlagen in PowerPoint gestalten (Folienmaster und Titelmaster)
- Ein- und Überblendtechniken von Folien
- Text und Bilder animieren
- Sound und Spezialeffekte einfügen
- Tipps zum Gestalten von Präsentationen

Das brauchst du ...

☐ **Programme**
- Microsoft PowerPoint 2000
  Das Projekt im Heft wird mit PowerPoint 2000 erstellt. Wenn du PowerPoint 97 verwendest, werden einige Befehle und Fenster etwas anders aussehen.

- Windows me
  Damit dir alle ClipArts und Schriften zur Verfügung stehen. Wenn du mit Windows 98 arbeitest, musst du die ClipArts und Schriften durch ähnliche ersetzen.

- Browser
  Entweder Internet Explorer oder Netscape, um Infos aus dem Internet zu nutzen.

☐ **Zubehör**
- Lautsprecherboxen oder Kopfhörer

- Internetzugang, damit du das Material für die Präsentation leichter zusammenstellen kannst.

... und Lust und Spaß am Ausprobieren.

[OK]

Projekt-Start

Projekt – Präsentation

Zoe und Slash besuchen eine Gesamtschule, die Marie Curie Schule. Nächsten Monat kommen Schüler und Schülerinnen aus England im Schüleraustausch zu Besuch. Beide freuen sich schon riesig.

< Wie die wohl drauf sind? >

< Mit Kevin habe ich schon gemailt, der ist voll okay. >

Die Schulleiterin hat einen Event für den Ankunftstag vorgeschlagen und alle sollen bei der Vorbereitung mitmachen.

Einige Gruppen haben sich schon gefunden, die etwas vorführen wollen. Die Computer-Community möchte ein Internet-Café vorbereiten und die Flag-Football-Mannschaft wird ein kleines Probetraining veranstalten.

Zoe und Slash besprechen, was sie sonst noch machen könnten. Zoe kommt auf die Idee, die Schule vorzustellen. Slash findet das super und schlägt vor, eine richtige Präsentation zu machen. Er kennt das Programm PowerPoint von seiner Schwester Mira. Sie benutzt es für Referate. Also fragen sie Mira, ob sie ihnen hilft.

Ohne langes Zögern ist Mira mit dabei. Sie schlägt vor, die Präsentation über einen Projektor während des Events ablaufen zu lassen. Alle Besucher bekommen die richtigen Infos über die Schule, und natürlich einen guten Eindruck.

Für Mira ist es eine richtige Herausforderung, eine öffentliche Präsentation zu machen. Und Slash freut sich auf die Gelegenheit, mal wieder richtig kreativ zu sein. Zoe hat schon ein paar Ideen für den Inhalt der Präsentation.

< Wir können etwas über Marie Curie bringen, immerhin ist sie die Namensgeberin unserer Schule. >

Sie überlegen, was sonst noch alles in die Präsentation rein kann.

< Die anderen werden bestimmt nicht schlecht staunen. >

< Vor allem, wenn wir ein paar tolle Effekte einbauen. >

Eine Menge Sachen fallen ihnen ein. Dabei ist klar, dass die Präsentation spannend sein soll. Sie darf nicht zu lang werden, damit keiner beim Anschauen einschläft. Also machen die Drei erst mal einen Plan, wie sie alles zusammenkriegen, denn die Zeit läuft.

Sag, was dich interessiert …

< Wir haben doch eine Menge toller Projekte an unserer Schule, die sollten wir auf alle Fälle auch vorstellen. >

< Im Schuljahresbericht vom letzten Jahr finden wir bestimmt Infos für die Präsentation. >

< Die Schule besitzt doch einen Projektor, den man mit dem Computer verbinden kann. Dann können wir die Präsentation in einem größeren Raum vorführen. >

< Ich möchte mal im Internet schauen, ob wir etwas über Marie Curie finden, vielleicht kann ich davon etwas in die Präsentation übernehmen. >

< Ich freue mich schon drauf, ein super Layout für die Präsentation auszutüfteln. >

< Während der Präsentation brauchen wir Sound. >

< Grafiken kann man doch auch selber noch bearbeiten. Das macht bestimmt eine Menge Spaß. Das Logo von der Schule muss auch drauf. >

< Es gibt bestimmt voll viele coole Effekte in PowerPoint. >

< Bevor wir in PowerPoint anfangen, sollten wir auf alle Fälle erst mal alle Infos sammeln und ordnen. >

Ein gemeinsamer Plan – das werden wir tun:

1 **Präsentation**
Infos werden zu Highlights

2 **Master der Folien**
Einer für alle ...

3 **Logisch ein Logo**
Der Anfang und das Ende

4 **Titelfolien**
Immer wieder ein neues Thema

5 **Folien mit Fakten**
Text und Daten präsentieren sich

6 **Inhalte optisch aufpeppen**
Verbindungslinien und Diagramme erstellen

7 **Folien polieren**
Mit Ideen glänzen und mit Technik blenden

8 **Animationen**
Showeinlagen werden trainiert

Präsentation

Präsentation

Infos werden zu Highlights

1.1 PowerPoint – die Sache mit den Folien

PowerPoint ist ein Programm, mit dem du Präsentationen erstellen kannst. Eine Präsentation ist die Vorstellung eines Themas mit Hilfsmitteln, wie zum Beispiel Bilder und besondere Textgestaltungen. Vorträge werden dadurch interessanter und durch die zusätzlichen Bilder kapiert jeder gleich, um was es geht. In PowerPoint kannst du eine richtig peppige Vorführung auf dem Bildschirm machen. Das Thema einer Präsentation kann wirklich alles Mögliche sein, also auch die Darstellung deiner Schule.

Bei einer PowerPoint-**Bildschirmpräsentation** werden die einzelnen Folien nacheinander auf dem Bildschirm gezeigt. Du kannst aber auch mit einem speziellen Projektor, einem sogenannten Beamer, den Inhalt deiner Präsentation an die Wand werfen. Der absolute Gag an einer Bildschirmpräsentation ist, dass du die einzelnen Objekte der Folien, also Buchstaben, Texte, Linien und Zeichnungen beweglich gestalten kannst.

Inhalte der Präsentation bestimmen

Als Erstes überlegst du dir, für welche Zuschauer deine Präsentation bestimmt ist.

Dann überlegst du dir, was deine Zuschauer wohl interessieren wird. Die Schüler und Schülerinnen des Schüleraustausches finden es bestimmt spannend, etwas über die Schule zu erfahren. Damit sie wissen, wo sie sich die nächsten Tage aufhalten werden und was in dieser Schule los ist. Also wirst du dir wissenswerte Informationen über die Schule zusammensuchen und ein paar Besonderheiten der Schule darstellen.

Wenn du alles zusammengestellt hast, teilst du die Inhalte auf die verschiedenen Folien auf. Du kannst auch schon mal die Folien auf Papier skizzieren.

< Die Lehrer und die anderen Schüler, vielleicht auch ein paar Eltern werden da sein. Die sollen was Tolles zu sehen kriegen. >

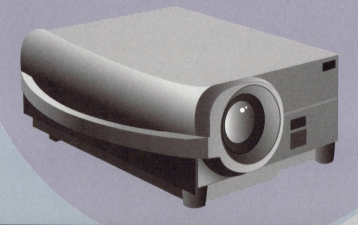

< Jetzt bin ich aber echt gespannt, wie das geht. >

Nur die wichtigsten Sachen nehmen

Du kennst das bestimmt selbst, dass ein Vortrag oder ein Referat schnell zu lang sein kann, und dann wird's langweilig! Suche die Inhalte deiner Präsentation gründlich aus. Lasse unwichtige Infos weg und beschränke dich auf die wirklich wichtigen Sachen.

Überlege schon am Anfang, wie die Präsentation vorgeführt wird. Du kannst bei einer Präsentation selbst reden und einen Vortrag daraus machen. Du hast aber auch die Möglichkeit, die Zuschauer selber lesen oder zuschauen zu lassen. Wenn du während der Präsentation sprichst, brauchst du auf den einzelnen Folien nur kurze Stichwörter. Wenn die Zuschauer aber selber schauen, muss die Präsentation natürlich so ausführlich sein, dass alles von alleine verständlich ist. Trotzdem darfst du deine Zuschauer nicht langweilen.

Inhalte sammeln: das soll drauf

Du brauchst gute Quellen für deine Materialien. Es gibt viele Möglichkeiten, an Informationen heranzukommen.

Informationen kannst du:

- in Büchern nachschlagen
- aus Heften, Broschüren oder ähnlichem zusammentragen
- im Internet recherchieren
- von Leuten erfahren, die etwas über das Thema wissen
- aus deinem Gedächtnis kramen, wenn du selber fit in dem Thema bist

Wenn du die Quellen gefunden hast, kannst du die Informationen einfach abschreiben. Dann solltest du aber die Quellen mit angeben. Du kannst die Informationen aber auch zusammenfassen und in gekürzter Form verwenden.

< *Wir brauchen eine Präsentation, die sich selbst erklärt, also alleine abläuft, wie ein kleiner Film.* >

1.2 Folien nach Plan

Als Erstes beginnst du damit, die Inhalte zu strukturieren und das Layout für die Präsentation vorzubereiten.

Gliederung der Präsentation – Schauspiel in drei Akten

Alle Infos, die du in die Präsentation packen möchtest, steckst du in passende Themengebiete. Für die Schulpräsentation ergeben sich drei Hauptgliederungsthemen:

- Fakten über unsere Schule
- Projekte an unserer Schule
- Darstellung der Namensgeberin

Zu jedem Thema wird es mehrere Folien geben. Du machst besondere Folien, um die Themen einzuleiten. Diese Folien heißen Titelfolien.

Start und Ende

Du kannst natürlich nicht einfach so mit der Präsentation aus dem Nichts heraus anfangen. Die Zuschauer müssen schon eingestimmt werden. Deine Präsentation sollte wie ein Film sein. Gute Filme haben ein Intro, einen Hauptteil und einen Ausklang.

Design für die Folien

Den Text, die Überschriften und auch das Logo setzt du auf allen Folien immer an die selbe Stelle, damit ein einheitliches Bild entsteht. Du verwendest immer die gleichen Farben und den gleichen Hintergrund für die Folien.

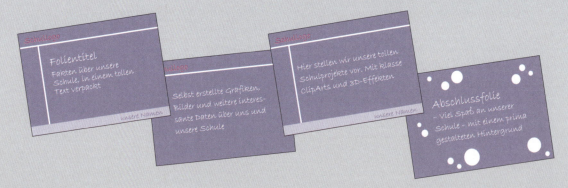

So, jetzt bist du startklar.
Du kannst das Ganze nun mit PowerPoint umsetzen.
Dabei wirst du – versprochen – eine Menge toller Sachen entdecken.

< Wir können nicht einfach so anfangen. Eine Startfolie brauchen wir schon. >

< Klar, wir beginnen mit einer Folie nur mit unserem Schullogo. >

1.3 PowerPoint – aller Anfang ist leer

Bevor du loslegst, musst du erst mal das Programm starten und das geht bei PowerPoint wie bei allen Office-Programmen!

PowerPoint starten
Du klickst in der Taskleiste auf **Start** und dann gehst du auf **Programme** – **Microsoft PowerPoint**.

PowerPoint kannst du auch an dem Symbol schnell erkennen.

> **Info:** Es kann aber auch sein, dass auf deinem Computer ein Symbol für PowerPoint auf dem Desktop liegt. Dann klickst du doppelt auf das Startsymbol.

PowerPoint sieht nach dem Starten so aus:

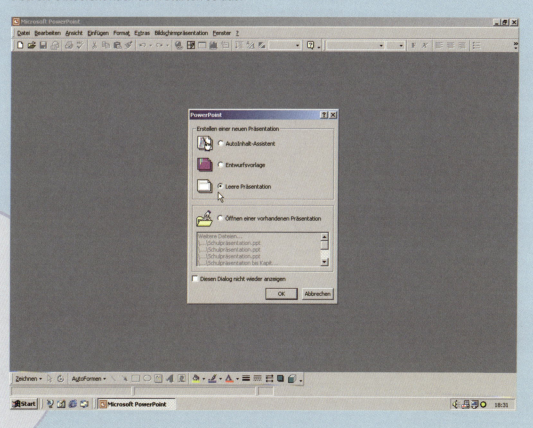

Vier Möglichkeiten stehen am Anfang

Hier kannst du entscheiden, wie du deine Präsentation beginnen möchtest:

Du kommst zu einem Assistenten, der dich genau fragt, welche Präsentation du erstellen möchtest. Als Ergebnis werden dir alle Folien vorbereitet, die du dazu brauchst.

Du kannst dir ein vorgefertigtes Präsentationsdesign aussuchen. Die Folien musst du aber dann selber anlegen und bestimmen.

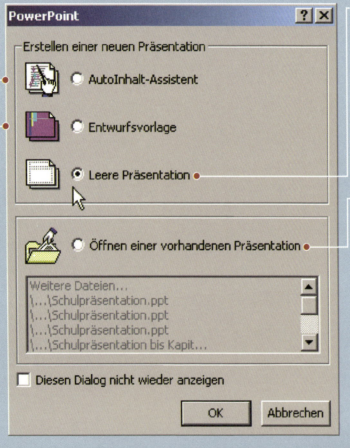

Wenn du alles selber gestalten möchtest, wählst du **Leere Präsentation**.

Möchtest du eine Präsentation, die du schon mal abgespeichert hast, später weiter bearbeiten, wählst du sie in dieser Liste aus.

< Was du hier aussuchst, wird den Look deiner Präsentation bestimmen. >

< Ich möchte auf alle Fälle alles selber gestalten. Selber machen sieht nicht so nachgemacht und einfach besser aus. >

Leere Präsentation starten
Wähle **Leere Präsentation** und klicke dann auf OK.

Folienlayout – du darfst wählen

Nachdem du dich für eine leere Präsentation entschieden hast, erhältst du die Möglichkeit, ein **Folienlayout** zu wählen. Du entscheidest, was auf die Folie drauf soll: Text, Bilder oder nur eine Überschrift. PowerPoint bezeichnet dabei alles, egal ob Text oder Grafik, als **Objekt**.

Du kannst für jede neue Folie aus einer Liste das passende Folienlayout aussuchen. Folienlayouts sind Kombinationen aus **Platzhaltern** für Objekte, die du auf eine Folie draufpacken kannst. Nur wenn nicht das gewünschte Layout dabei ist, wählst du eine leere Folie und füllst sie selbst mit den nötigen Objekten.

< *Wir machen unser eigenes Layout, deshalb nehmen wir erst mal eine leere Folie.* >

Folienlayout aussuchen

1. Wähle eine leere Folie aus.

2. Bestätige mit OK.

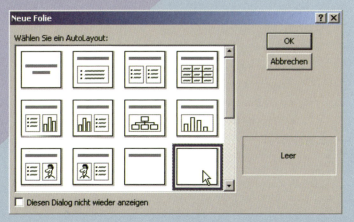

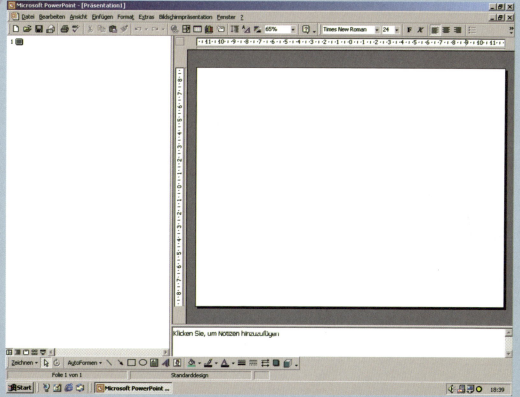

1.4 PowerPoint anpassen

Bevor du anfängst, die Folien für die Schulpräsentation anzulegen, richtest du dir erst mal PowerPoint richtig ein.

Symbolleisten und Menübefehle anpassen

In PowerPoint, wie auch in allen anderen Microsoft Office Programmen, werden nach der Installation die beiden Symbolleisten in einer Zeile nebeneinander angeordnet. Das hat den Nachteil, dass du nicht alle Symbole der beiden Symbolleisten auf einmal sehen kannst. Einen schnelleren Zugriff auf die ganzen Symbole hast du, wenn du die beiden Symbolleisten untereinander anordnest.

Eine weitere standardmäßige Einstellung in PowerPoint ist, dass du immer nur die benutzten Befehle im Menü siehst. Viel besser ist es aber, wenn du sofort alle verfügbaren Befehle angezeigt bekommst.

Symbolleisten anordnen und Menübefehle anzeigen

1. Wähle im Menü **Ansicht** – **Symbolleisten** – **Anpassen...** .

2. Klicke auf die Registerkarte **Optionen**.

3. Entferne den Haken bei **Standard- und Formatsymbolleiste teilen sich eine Zeile**.

4. Entferne ebenfalls den Haken bei **Menüs zeigen zuletzt verwendete Befehle zuerst an**.

5. Bestätige mit Schließen .

Office-Assistent ausschalten

Rechts unten im Bildschirm hast du eine kleine Büroklammer. Das ist der Office-Assistent. Dieser Assistent meldet sich immer mal wieder und möchte dir helfen. Die Hilfestellungen sind aber oft verwirrend. Also blende ihn besser aus.

Office-Assistent ausblenden
1. Klicke mit der rechten Maustaste auf den Office-Assistent.

2. Wähle **Ausblenden**.

Großbuchstaben, nur wenn du es willst

In PowerPoint wird das Wort nach einem Punkt oder wenn du eine neue Zeile beginnst, groß geschrieben. Diese Standardeinstellung stört. Du kannst sie in der AutoKorrektur rausnehmen.

Automatische Großschreibung rausnehmen
1. Wähle im Menü **Extras** – **AutoKorrektur**.

2. Entferne den Haken bei **Jeden Satz mit einem Großbuchstaben beginnen**.

3. Bestätige mit Klick auf OK.

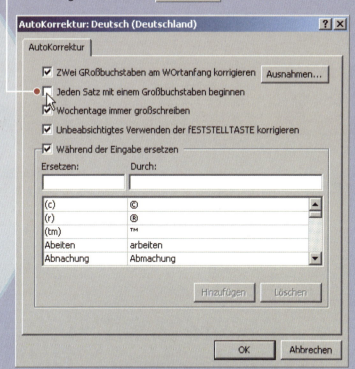

Mit diesen Einstellungen bist du für die große Präsentation bestens vorbereitet.

1.5 Präsentation speichern

Wie in allen anderen Programmen ist auch in PowerPoint das Speichern super wichtig. Wenn du das erste Mal speicherst, verwendest du den Befehl ‚Speichern unter', um der Datei einen Namen zu geben. Damit du in deinen Dateien auch Ordnung hast und später alles wieder finden kannst, legst du zuerst einen Ordner mit dem Namen ‚Schüleraustausch' an.

< Dateien in PowerPoint haben die Endung .ppt und heißen Präsentation. >

< Das Speichern geht so wie in allen anderen Programmen auch. >

< Ja, und man muss immer wieder darauf achten, in welchen Ordner man die Datei speichert und welchen Namen man vergibt. >

Präsentation speichern

1. Klicke im Menü auf **Datei – Speichern unter**: Jetzt kommst du automatisch in den Ordner **Eigene Dateien**.

2. Klicke auf das Symbol für **Neuen Ordner erstellen**.

3. Gib bei **Name: Schüleraustausch** ein und bestätige mit OK.

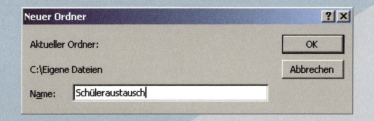

4. PowerPoint wechselt in diesen neuen Ordner. Ein vorgegebener Dateiname **Präsentation1** ist bereits markiert.

5. Überschreibe den vorgegebenen Dateinamen mit **Schulpräsentation**.

6. Speichere mit Klick auf Speichern.

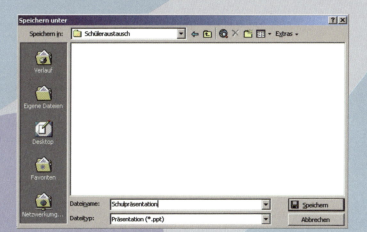

< Wie cool, ich fange gleich mal mit der ersten Folie an. >

< Moment mal, als Nächstes machen wir unser einheitliches Foliendesign. >

2
Master der Folien

Master der Folien

Einer für alle ...

2.1 Der Folienmaster – die Basis aller Folien

Präsentationen sollen einheitlich wirken. Das tun sie, wenn alle Einzelteile gleiche Merkmale haben. Du kennst das von Sporttrikots. Stell dir mal vor, jeder Spieler hätte ein anderes Trikot an, die Zuschauer würden nur schwer erkennen, wer zusammen spielt. Damit es deine Zuschauer einfacher haben, gestaltest du die Gemeinsamkeiten deiner Folien auf dem Folienmaster. Dieser dient als Vorlage für alle anderen Folien, die du erstellst. Besonderheiten machst du dann für jede Folie einzeln. So sparst du mit dem Folienmaster eine Menge Arbeit. PowerPoint verwendet den Folienmaster automatisch als Vorlage bei neuen Folien.

Du richtest als Erstes deine Vorlage ein.

Das sind Bestandteile deiner Folien, die du mit dem Folienmaster festlegst und die auf jeder Folie zu sehen sein werden:

- Hintergrundfarbe
- Logo oder Grafikelemente
- Schriftart
- Schriftfarbe
- Schriftgröße
- Seitenaufteilung

Farben – alles eine Frage der Wirkung

Mit Farben gehst du zielgerichtet um. Verwende nicht zu viele Farben. Wähle die Farbe nach ihrer Wirkung aus. Es gibt Farbkombinationen, bei denen man einen Knoten in den Augen bekommt, und dann schaut man lieber weg als hin. Außerdem musst du bei der Farbwahl beachten, ob man das Thema mit einer bestimmten Farbe in Verbindung bringen kann, wie Natur mit grün oder Ferrari mit rot. Vielleicht gibt es auch schon eine Farbe, die deine Schule auf dem Briefpapier oder im Logo verwendet. Wenn ja, dann solltest du diese benutzen.

< Ich hätte gerne einen dunkelblauen Hintergrund. Blau passt zu unserem Schullogo. >

< Irgendwo sollten wir uns auf den Folien verewigen, also unsere Namen müssen drauf. >

< Die Überschriften müssen knallen, da nehmen wir andere Farben als bei den Texten. >

Folienmaster aufrufen
Du klickst im Menü auf **Ansicht** – **Master** – **Folienmaster**.

PowerPoint verändert die Ansicht. Du siehst nicht mehr die erste eingefügte Folie, sondern den Folienmaster. Hier kannst du alles einstellen, was auf jeder Folie zu sehen sein soll.

Irgendwo auf der Seite bekommst du automatisch die Mastersymbolleiste.

Falls sie nicht zu sehen ist, kannst du sie über das Menü **Ansicht** – **Symbolleisten** – **Master** einstellen.

Wenn du auf **Schließen** klickst, kehrst du wieder zu deiner Folie zurück.

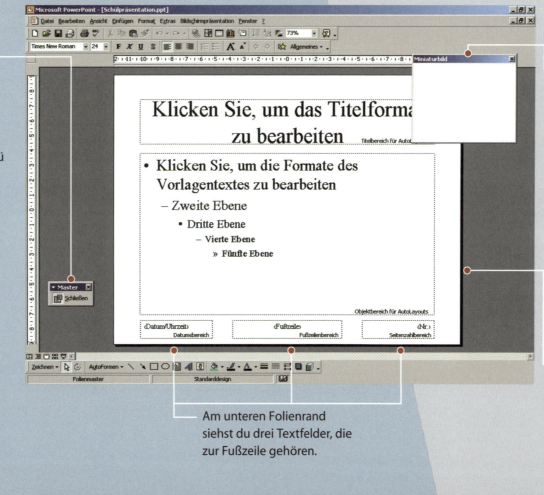

< Die kleine Mastersymbolleiste kann dir auch im Weg sein. Du kannst sie oben in der blauen Titelleiste anklicken und wegziehen. >

Am unteren Folienrand siehst du drei Textfelder, die zur Fußzeile gehören.

Rechts oben wird automatisch ein kleines Fenster mit dem Namen **Miniaturbild** geöffnet. Dieses Fensterchen dient als Vorschau. Da du den kompletten Folienmaster sehen kannst, brauchst du keine Vorschau. Das Miniaturbild stört bei der Bearbeitung nur.

Miniaturbild ausblenden
Klicke auf [X], um es auszublenden.

Den Hauptteil der Ansicht machen zwei Platzhalter aus: **Titel**, das ist der Bereich für die Überschrift deiner Folie. **Text**, hier schreibst du später den Folientext rein.

2.2 Folien gestalten – Farbeffekte für ein klasse Outfit

Die meisten Präsentationen werden am Bildschirm gezeigt oder auf eine Wand mit Hilfe eines Beamers projiziert. Deshalb ist die Wirkung von Farben besonders wichtig und auch notwendig.

Hintergrundfarbe macht Stimmung

Du kannst Hintergründe nicht nur einfärben, sondern auch sogenannte Farbverläufe gestalten. Dabei verläuft die Füllfarbe eines Objektes von einer Farbe zu einer anderen Farbe. Damit kannst du tolle Effekte erzeugen.

< Wow, mit den Farbverläufen kann man ja ganz schön viel machen. >

Fülleffekte auswählen

1. Klicke auf **Format** – **Hintergrund**.

2. Klicke auf den Pfeil des Listenfelds unter **Hintergrundfüllbereich** und wähle **Fülleffekte…**.

3. Wähle die Registerkarte **Graduell**.

4. Damit du einen Farbverlauf von zwei Farben gestalten kannst, wählst du unter **Farben** die Auswahl **Zweifarbig**.

Du bleibst weiter in diesem Fenster.

Farben auswählen

1. Öffne das Listenfeld hinter **Farbe 1:**.

2. Klicke auf **Weitere Farben...**. Wähle in dieser Farbskala ein **dunkles Blau** aus.

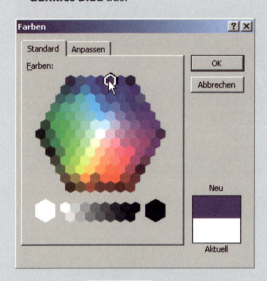

3. Klicke auf OK . Du kommst automatisch zum Fenster **Fülleffekte** zurück.

4. Wähle auch bei **Farbe 2: Weitere Farben...** und klicke dort auf ein **helles Blau**.

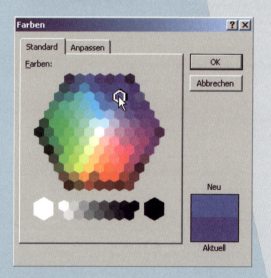

5. Klicke auf OK . Du kommst wieder automatisch zum Fenster **Fülleffekte** zurück.

Master der Folien

So sieht dein Folienmaster nun aus:

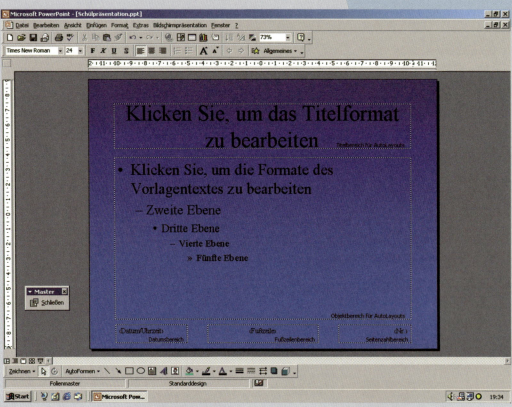

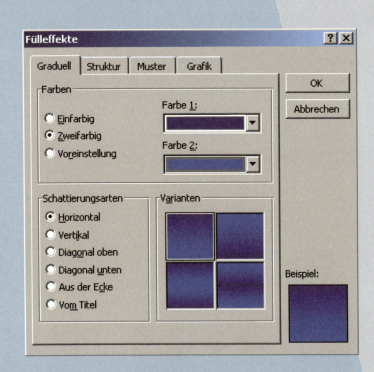

6. Die Einstellung unter **Schattierungsarten** lässt du bei **Horizontal**. Bei **Varianten** lässt du die Markierung auf dem linken oberen Feld. Bestätige mit OK.

7. Du bist automatisch wieder im Fenster **Hintergund.** Hier klickst du noch auf Übernehmen.

< Hey, das sieht ja schon super profimäßig aus. >

< Bleib auf dem Teppich, wir fangen doch erst an. >

2.3 Schrift – Form und Farbe bekennen

Für eine Präsentation eignet sich eine klare Schrift, die gut lesbar ist. Dabei gilt: Auf einem hellen Hintergrund ist eine dunkle Schrift gut lesbar, und auf einem dunklen Hintergrund eine helle. Klar, oder?

< Die Schrift darf aber jetzt auf gar keinen Fall schwarz bleiben. Sie muss heller werden. >

Schriftart formatieren

1. Klicke auf den Rand des Textrahmens für den Titel.

Der aktive Textrahmen bekommt eine gepunktete Linie . Jetzt kannst du einheitliche Formatierungen für den Platzhalter vornehmen.

2. Klicke auf das kleine Dreieck im Listenfeld **Schriftart** und wähle die Schrift **Century Gothic**.

3. Markiere nun auch den Platzhalter für den Text mit einem Klick auf den Rand und wähle auch für diesen Text die **Schriftart** Century Gothic.

Info: Achte darauf, dass der Textrahmen richtig markiert ist, mit dicker, gepunkteter Linie .

Schriftfarbe für Titel wählen

1. Markiere den Textrahmen des Titeltextes durch Anklicken.

2. Klicke auf das kleine Dreieck hinter dem Symbol **Schriftfarbe** in der Zeichnensymbolleiste.

3. Wähle **Weitere Schriftartfarben…** und klicke auf ein helles Blau.

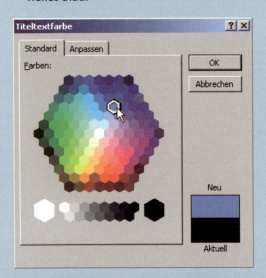

4. Bestätige deine Wahl mit Klick auf OK.

Schriftfarbe für Text wählen

1. Markiere den Rahmen des Textfeldes durch einen Klick auf den Rand.

2. Klicke auf das kleine Dreieck hinter dem Symbol **Schriftfarbe** in der Zeichnensymbolleiste.

3. Wähle **Weitere Schriftartfarben…** .

4. Wähle die Farbe für die Schrift und bestätige mit OK.

Info: Symbolleisten kannst du ein- und ausblenden. Dazu klickst du mit der rechten Maustaste in die Menüleiste – eine Liste mit der Auswahl an Leisten erscheint.

Aufzählung – Begriffe mit Symbol

In einer Präsentation verwendest du nur kurze Texte. Eine Möglichkeit, auf lange Texte zu verzichten, sind Aufzählungen. Du gibst nur Stichworte an und brauchst keine ganzen Sätze zu formulieren. Vor jedes neue Stichwort in einer neuen Zeile macht PowerPoint automatisch einen Punkt, damit die Stichpunkte schön gegliedert sind.

In PowerPoint kannst du bei Aufzählungen verschiedene Ebenen benutzen. Fünf verschiedene Ebenen sind vorgegeben. Jede Ebene hat eigene Aufzählungszeichen. Mal einen Punkt, mal einen Strich oder andere Zeichen.

Aufzählungspunkte entfernen

1. Klicke in die erste Zeile des Textfeldes, so dass dort der Cursor zur Texteingabe blinkt.

2. Wähle im Menü **Format** – **Aufzählungen und Nummerierung**.

3. Wähle hier die Registerkarte **Aufzählungen** und klicke auf **Ohne**. Bestätige dann mit OK.

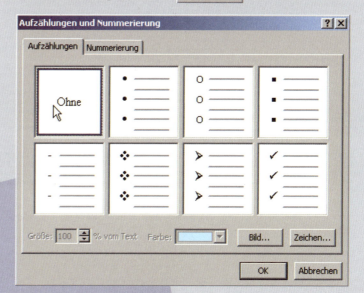

Master der Folien

Einzüge – da wird ein- und ausgerückt

Für die Aufzählung hat PowerPoint extra einen hängenden Einzug eingestellt. Der ist hier überflüssig. Alle Zeilen des Textes in der Schulpräsentation sollen natürlich ganz vorne beginnen.

Hängender Einzug bedeutet, dass die erste Zeile weiter links beginnt als die anderen Zeilen des Absatzes. Deshalb ist die zweite Zeile eingerückt.

Auf dem Lineal in der oberen Menüleiste kannst du eine Anzahl kleiner Dreiecke sehen. Jedes dieser Dreiecke markiert eine Einzugsebene. Beachte, dass die Dreiecke nur dann sichtbar sind, wenn der Cursor im Textfeld blinkt.

> **Info:** Falls das Lineal nicht eingeblendet ist, schaltest du es über das Menü **Ansicht** – **Lineal** ein.

< Ooh, da ist etwas schief gelaufen. Die zweite Zeile beginnt ja gar nicht ganz vorne, wie die erste Zeile. >

Für die Schulpräsentation brauchst du die dritte bis fünfte Ebene nicht. Deshalb kannst du diese Ebenen aus dem Folienmaster rausnehmen.

Einzug im Lineal einstellen

1. Klicke in die zweite Zeile.

2. Zeige im Lineal auf das erste untere Dreieck.

3. Ziehe mit gedrückter Maustaste das erste untere Dreieck nach links direkt unter das erste obere Dreieck.

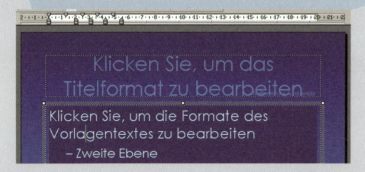

< Achtung, es ist wichtig, dass du wirklich das untere Dreieck erwischst. >

Aufzählungsebenen entfernen

1. Markiere den Text für die dritte bis fünfte Ebene, indem du mit gedrückter Maustaste über den Text ziehst.

2. Drücke dann auf die **Entfernen-Taste** [Entf]. Die markierten Textzeilen werden gelöscht.

< Die vielen Dreiecke im Lineal sind dann natürlich auch weg. >

2.4 Grafikelemente – einzigartig

Ein farbiger Hintergrund sieht schon spannend aus, aber du kannst noch mehr tun. Du erzeugst eigene Grafikelemente, die machen deine Präsentation einzigartig. Dabei musst du allerdings immer beachten, dass genügend Platz für deinen Text bleibt.

Linien und Flächen sind einfache Elemente, um die Folie zu unterteilen. Zum Zeichnen benutzt du die Werkzeuge aus der **Zeichnensymbolleiste**. Die ist normalerweise ganz unten auf dem Bildschirm zu finden.

Zeichnensymbolleiste einblenden
Wenn die Symbolleiste bei dir nicht zu sehen ist, kannst du sie über **Ansicht** – **Symbolleisten** – **Zeichnen** einblenden.

Fläche mit 3D-Effekt erzeugen
1. Klicke auf das Symbol **Rechteck** aus der Zeichnensymbolleiste.

2. Beginne etwa 2 cm vom oberen Rand der Folie das Rechteck aufzuziehen. Orientiere dich am vertikalen Lineal.

3. Ziehe ein **0,5 cm** hohes waagerechtes Rechteck auf, das über die ganze Folienbreite geht.

Um ein Rechteck aufzuziehen, beginnst du mit dem Fadenkreuz in einer Ecke des Rechtecks und ziehst mit der Maus zu der gegenüberliegenden Ecke. Dann lässt du die Maustaste los.

< Das Rechteck liegt ja jetzt direkt über dem Titel und dem Text. >

Ähnlich wie du schon den Hintergrund farblich gestaltet hast, kannst du jetzt auch das Rechteck mit Farbe füllen.

< Der Balken muss wackeln, dass es kracht. >

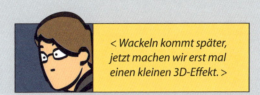

< Wackeln kommt später, jetzt machen wir erst mal einen kleinen 3D-Effekt. >

Rechteck farblich gestalten

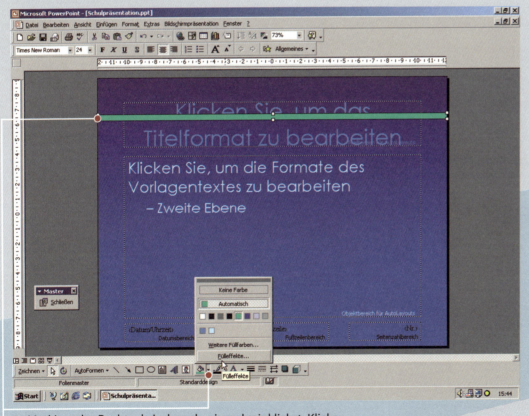

1. Markiere das Rechteck, indem du einmal reinklickst. Klicke auf das kleine Dreieck neben dem Symbol **Füllfarbe** aus der Zeichnensymbolleiste. Wähle dort **Fülleffekte...** aus.

2. Wähle die Einstellung **Zweifarbig**.

Info: Markierte Objekte erkennst du an den weißen quadratischen Markierungspunkten.

Master der Folien

Linienart anpassen

1. Markiere das erstellte Rechteck.

2. Klicke auf das Dreieck bei dem Symbol **Linienfarbe** aus der Zeichnensymbolleiste und wähle **Keine Linie** aus.

3. Wähle bei **Farbe 1: Weitere Farben...** aus. Wähle als Farbe das gleiche **Blau** wie schon beim Farbverlauf für den Hintergrund.

4. Als **Farbe 2:** lässt du die Farbe **Weiß**.

5. Bei **Schattierungsarten** lässt du **Horizontal** und als **Variante** wählst du die **linke untere Variante** aus und bestätigst mit OK.

< Der schwarze Rahmen sieht ja ziemlich doof aus, der muss unbedingt weg. >

< Wow, das sieht ja echt aus wie eine Stange. >

Farbfläche – schöner Abschluss der Seite

Auf dem Folienmaster kannst du auch große Flächen anlegen, die dann mit dem Hintergrund zusammen ein Design ergeben. Für die Schulpräsentation legst du eine Farbfläche am unteren Rand an. Dafür brauchst du nur ein Rechteck über die ganze Folienbreite aufzuziehen.

Rechteck als farbige Fläche erzeugen
1. Klicke auf das Symbol **Rechteck** aus der Zeichnensymbolleiste.

2. Ziehe ein etwa **1,5 cm** hohes Rechteck ganz am unteren Rand auf. Das Rechteck soll über die ganze Breite reichen.

Rechteck farblich anpassen
1. Wähle das Symbol **Füllfarbe** aus der Zeichnensymbolleiste.

2. Wähle aus der Auswahl das **Blau** wie bei der Titelfarbe.

Info: Farben, die schon verwendet wurden, erscheinen in der Auswahl.

3. Entferne auch hier wieder den weißen Rahmen. Klicke dazu auf und wähle **Keine Linie**.

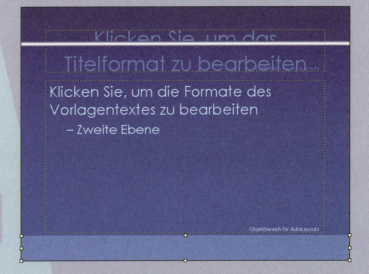

Fläche – verzieht sich in den Hintergrund

Jedes neue Objekt, das du erstellst, wird immer in den Vordergrund gesetzt und andere Objekte liegen bei Überschneidungen dahinter. Du kannst bestimmen, welches Objekt vor welchem zu sehen sein soll.

< Wo ist eigentlich der Text für die Fußzeile geblieben, da sollen doch unsere Namen rein. >

Rechteck in den Hintergrund bringen

1. Klicke mit der rechten Maustaste auf das Rechteck am unteren Rand des Folienmasters.

2. Wähle im Kontextmenü **Reihenfolge** – **In den Hintergrund**, um das Rechteck in den Hintergrund zu bringen.

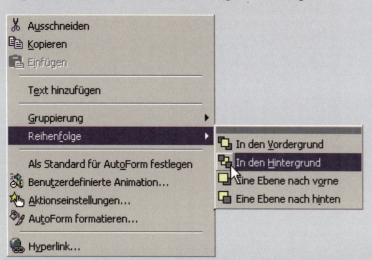

< Abrakadabra, schon ist der Text wieder da. >

2.5 Führungslinien – mehr Orientierung

Texte und Grafiken sollen bei jeder Folie auf der gleichen Position stehen. Das verhilft den Zuschauern zu einer schnellen Orientierung. Das Auge weiß ganz schnell, wo es die wichtigen Informationen findet.

Führungslinien können einiges ausrichten

Zum Ausrichten des Textes und der Bilder benutzt du Führungslinien. Das sind Hilfslinien, die zum Positionieren nützlich sind, aber nicht mitgedruckt werden. Zuerst bringst du sie mal in die richtige Position.

Die Führungslinien werden durch gepunktete Linien dargestellt. Eine Führungslinie ist senkrecht in der Mitte und eine waagerecht in der Mitte angeordnet. Du kannst die Führungslinien auch verschieben und kopieren.

Führungslinien einblenden
Wähle im Menü **Ansicht** – **Führungslinien**.

Für die Schulpräsentation sind vier Führungslinien zum Ausrichten sinnvoll:

- linker Anfang des Textes
- rechtes Ende des Textes
- oberer Anfang des Titels
- oberer Anfang des Textes

< Auf der linken Seite lassen wir einen größeren Rand, das sieht gut aus. >

> **Info**
> Um eine Führungslinie zu verschieben, darfst du zum Ziehen nicht in die Textfelder (Paltzhalter) klicken, sonst verschiebst du diese.
> Wenn du einen Fehler gemacht hast, klicke einfach auf das **Rückgängig-Symbol** ↶ oder drücke die **Strg-Taste** ⌨Strg⌨ + ⌨Z⌨, um den Schritt rückgängig zu machen.

Führungslinien – mehr davon

Du kannst mehr als nur eine Führungslinie waagerechter und senkrechter Position benutzen. Dazu kannst du die waagerechte und senkrechte Führungslinie kopieren.

Senkrechte Führungslinie kopieren

1. Halte die **Strg-Taste** ⌨Strg⌨ gedrückt.

2. Klicke mit der Maus auf die senkrechte Führungslinie und ziehe sie bis etwa 1 cm zum rechten Rand. In dem kleinen Infokasten steht dann die Zahl **11,20**.

3. Lasse zuerst die Maustaste und danach die **Strg-Taste** ⌨Strg⌨ los. Die Reihenfolge ist wichtig, sonst wird die Führungslinie nur verschoben.

Waagerechte Führungslinie für die Überschrift kopieren

1. Halte die **Strg-Taste** ⌨Strg⌨ gedrückt.

2. Ziehe die kopierte Führungslinie etwas nach unten, bis im weißen Infokasten die Zahl **2,60** steht.

3. Lasse zuerst die Maustaste und dann die **Strg-Taste** ⌨Strg⌨ los.

Führungslinien – magnetische Anziehung

Führungslinien sind prima, um deine verschiedenen Objekte einheitlich zu platzieren. Allerdings müssen deine Textfelder den Grenzen deiner Führungslinien angepasst werden, sonst macht das Ganze wenig Sinn. Wenn du deine Textfelder anpasst, wirst du feststellen, dass sie wie magnetisch von den Führungslinien angezogen werden.

Text und Überschrift an den Führungslinien ausrichten

1. Klicke mit der Maus auf den Rand des Platzhalters für den Text, aber nicht auf die kleinen weißen Anfasser.

2. Ziehe den Platzhalter zu der unteren und der linken Führungslinie hin.

3. Ziehe auf dieselbe Weise auch den Titel an die entsprechende Führungslinie.

Platzhalter verkleinern

1. Markiere den Platzhalter für den Text.

2. Zeige auf den unteren mittleren Anfasser.

3. Verkleinere den Textkasten so weit, dass er genau in die Begrenzungen zwischen den unteren Rand und der unteren waagerechten Hilfslinie passt.
Lasse dich nicht von dem Fußzeilenbereich irritieren, den passt du später noch an.

4. Zeige auf den mittleren rechten Anfasser und ziehe das Textfeld an die Führungslinien.

Größe des Platzhalters der Überschrift anpassen

1. Markiere den Platzhalter des Titels.

2. Verkleinere diesen Platzhalter auch, indem du den rechten unteren Anfasser an die Führungslinie ziehst.

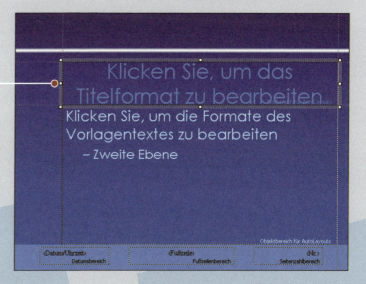

< Voll cool, der Platzhalter wird ja richtig angesaugt. >

Master der Folien

Um einen Platzhalter zu verschieben, klickst du auf den Rand und ziehst bei gedrückter Maustaste. Der Cursor hat folgende Form:

Klicken Sie, um das Titelformat zu bearbeiten

Um einen Platzhalter zu vergrößern oder zu verkleinern, zeigst du auf die Anfasserpunkte und ziehst. Der Cursor hat folgende Form:

Klicken Sie, um das Titelformat zu bearbeiten

Damit der Text mit der Führungslinie eine Linie bildet, muss der Titel linksbündig formatiert werden.

Titel linksbündig ausrichten
1. Markiere den Titel, indem du auf den Rand des Kastens klickst.
2. Wähle das Symbol für **linksbündig** aus der Formatsymbolleiste.

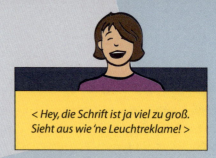

< Hey, die Schrift ist ja viel zu groß. Sieht aus wie 'ne Leuchtreklame! >

Schrift verkleinern
1. Verkleinere über das Listenfeld Schriftgrad 36 die Schrift des Titels auf die **Schriftgröße 36**.
2. Verkleinere die Schrift des Textes auf die **Schriftgröße 28**.
3. Markiere den Schriftzug **Zweite Ebene** und verkleinere auf **Schriftgröße 24**.

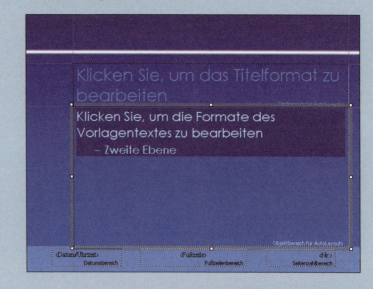

2.6 Fußzeile – Platz für wichtige Nebensachen

Bei PowerPoint gibt es einige Felder in der Fußzeile des Folienmasters. Da gibt es ein Feld für das richtige Tagesdatum und ein anderes für die jeweilige Foliennummer. Diese beiden Felder werden von dem Programm automatisch aktualisiert. Außerdem steht in der Mitte ein Feld für den Text, der ebenfalls automatisch auf jeder Folie erscheinen soll. Das können zum Beispiel die Namen der Macher und Macherinnen der Folien sein.

Die Felder kannst du an eine andere Stelle verschieben oder anklicken und löschen, wenn du sie nicht brauchst.

< Das Datum finde ich für die Schulpräsentation echt nicht wichtig. >

< Ich finde, das sieht super aus, wenn die Folien durchnummeriert sind. Wir setzen das rechts neben unsere Namen. >

Foliennummern verwenden

Die Foliennummern sind praktisch. Damit weißt du immer, auf welcher Folie du gerade bist. Du selbst und deine Zuschauer können sich während der Präsentation schnell orientieren.

Foliennummer platzieren

1. Klicke auf den Rand des Platzhalters für die Foliennummer, um ihn zu markieren.

2. Verschiebe den Platzhalter an die rechte Führungslinie und etwas nach unten.

Für die Foliennummer ist ein großer Platzhalter vorgesehen. Es würde auch reichen, wenn der Platzhalter nur so groß wäre wie die Zahl, die rein soll.

Textfeld verkleinern

1. Markiere den Platzhalter für die Foliennummer.

2. Ziehe den linken, mittleren Anfasser so weit nach rechts, bis der Platzhalter noch so groß ist, dass die Nummer gerade reinpasst.

3. Wähle als **Schriftart** für die Foliennummer **Century Gothic**.

4. Wähle als **Schriftfarbe** die gleiche Farbe wie für den Text.

Nachdem du für die Foliennummer einen Platz gefunden hast, musst du die Foliennummer noch für alle Folien aktivieren.

Master der Folien

Foliennummer aktivieren

1. Wähle im Menü **Ansicht** – **Kopf- und Fußzeile**.

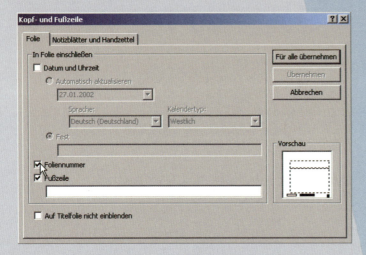

2. Entferne in der Registerkarte **Folie** das Häkchen bei **Datum und Uhrzeit**.

3. Mache ein Häkchen bei **Foliennummer**.

4. Klicke auf Für alle übernehmen, um die Foliennummer zu übernehmen.

> **Info** Der Platzhalter für das Datum ist noch vorhanden. Auf der Folie wird trotzdem kein Datum erscheinen, da im Fenster **Kopf- und Fußzeile** kein Haken vor **Datum und Uhrzeit** ist.

Ein Plätzchen für die Macher

Wenn du den Fußzeilentext im Dialogfenster **Ansicht** – **Kopf- und Fußzeile** einträgst, erscheint der Text zwar später auf jeder Folie, auf dem Folienmaster ist aber nur ein leerer Platzhalter sichtbar. Um den Fußzeilentext gut platzieren zu können, ist es besser du siehst den Text auch. Deshalb trägst du den Fußzeilentext in den Platzhalter direkt ein.

Fußzeilentext eingeben

1. Klicke auf ‹Fußzeile› und tippe **von Mira, Zoe und Slash** ein.

2. Markiere den Fußzeilenbereich, indem du auf den Rand des Platzhalters klickst.

3. Wähle die **Schriftart** Century Gothic und als Schriftfarbe die selbe Farbe wie für den Text.

4. Schiebe den Platzhalter für den Fußzeilentext etwas nach rechts unten, direkt neben die Foliennummer.

< Können wir statt dem Wort ‚von' in der Fußzeile nicht so ein Copyright-Zeichen machen? Das fände ich klasse. >

< Gute Idee, das ist doch so ein ‚C' mit einem Kreis herum. >

< Aber wie mache ich das Zeichen? Auf der Tastatur kann ich es nicht finden. >

Symbole – mehr als viele Worte

Tolle Effekte kannst du mit Sonderzeichen erzielen. Ein Symbol zeigt viel schneller als ein langer Text, um was es geht.

Sonderzeichen einfügen

1. Lösche das Wort **von** und lasse den Cursor vor dem Wort **Mira** stehen.

2. Wähle im Menü **Einfügen** – **Symbol**.

3. Wähle als **Schriftart** (Standardtext).

4. Klicke auf das Symbol ©.

5. Füge das Zeichen mit `Einfügen` ein.

< Ich habe mal unter den anderen Schriftarten geschaut, da gibt es ja total viele Zeichen. >

6. Klicke auf `Schließen`.

7. Füge zwischen © und dem Wort **Mira** noch ein Leerzeichen ein.

Deine Master-Folie:

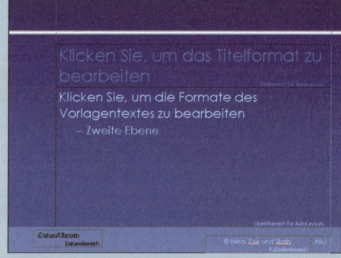

Der Folienmaster, also die Vorlage für die Folien der Schulpräsentation, ist jetzt fertig. Damit deine ganze Arbeit nicht verloren geht, machst du eine Zwischenspeicherung.

Zwischenspeichern und Beenden

1. Klicke auf das Symbol **Speichern** 💾 in der Standardsymbolleiste.

2. Schließe den Folienmaster mit einem Klick auf `Schließen` in der Mastersymbolleiste.

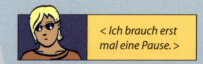

< Jetzt kommt das Logo. >

< Ich brauch erst mal eine Pause. >

< Logo! >

3
Logisch ein Logo

Logisch ein Logo

Der Anfang und das Ende

3.1 Logo – selber machen

Du kannst für Präsentationen eigene, passende Grafiken entwickeln.

Wenn es um die Darstellung einer Firma oder einer Institution wie Verein oder Schule geht, sollte das Logo als Erkennungszeichen mit auf den Folien drauf sein. Dazu kannst du dir entweder das Logo als Datei geben lassen, du kannst es einscannen oder wie in diesem Beispiel nachbauen. Letzteres geht natürlich nicht mit allen Logos.

Das Logo der Schulpräsentation besteht aus mehren Ellipsen und Kreisen. Das fertige Logo soll oben links in die Ecke des Folienmasters.

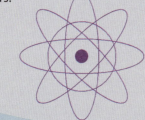

Das Logo wird ziemlich klein. Das Erstellen der Kreise und Ellipsen ist dann etwas schwierig. Du kannst zur leichteren Bearbeitung die Folie größer zoomen.

Zoom einstellen
1. Du öffnest den Folienmaster über das Menü **Ansicht** – **Master** – **Folienmaster**, falls er nicht mehr offen ist.

2. Klicke auf das Listenfeld an dem Symbol **Zoom** `75%` aus der Standardsymbolleiste.

3. Wähle einen Zoomfaktor von `150%` .

< *Klar, und das Logo muss natürlich auch auf den Folienmaster, damit es automatisch auf jeder Folie erscheint.* >

Ellipse zeichnen
1. Wähle in der Zeichnensymbolleiste das Symbol **Ellipse** ○ aus.

2. Ziehe eine Ellipse links oben in der Ecke auf.

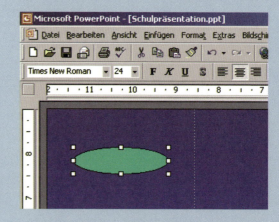

Die Ellipse wird standardmäßig mit einer grünen Farbe gefüllt und bekommt eine schwarze Linie. Für das Schullogo brauchst du keine Füllfarbe, aber eine lila gefärbte Linie.

< *Das wirkt ja, als ob ich mit einer Lupe auf die Folie schaue.* >

Farbe der Ellipse anpassen

1. Markiere die Ellipse, indem du sie anklickst.

2. Klicke in der Zeichnensymbolleiste auf .

3. Wähle **Keine Farbe** aus.

4. Klicke in der Zeichnensymbolleiste auf .

5. Wähle dort **Weitere Linienfarben…**.

6. Suche die Farbe **Lila** aus und bestätige mit OK.

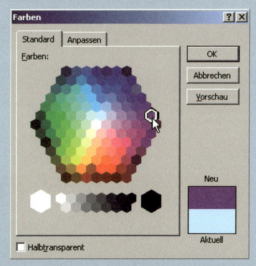

Ellipse kopieren

1. Markiere die Ellipse, indem du auf ihren Rand klickst.

2. Klicke auf das Symbol **Kopieren** in der Standardsymbolleiste.

3. Füge die Ellipse mit Hilfe des Symbols **Einfügen** wieder ein.

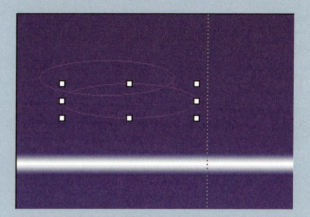

Die Ellipse wird etwas nach rechts unten versetzt eingefügt und ist markiert.

> **Info:** Wenn das Objekt keine Füllfarbe hat, kannst du es nur durch einen Klick auf den Rand markieren.

Ellipse um 90 Grad drehen

1. Markiere die kopierte Ellipse, wenn sie nicht bereits markiert ist.

2. Klicke auf **Zeichnen ▼** in der Zeichnensymbolleiste und dann auf **Drehen oder kippen** – **Linksdrehung**.

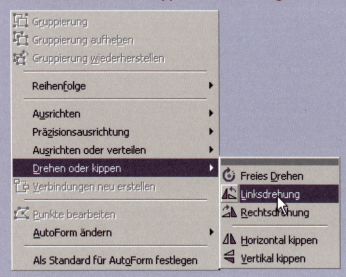

3. Die Ellipse wird um 90 Grad gedreht.

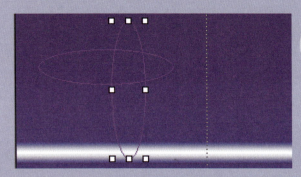

Ellipse verschieben

Ziehe die Ellipse auf die Mitte der ersten Ellipse.

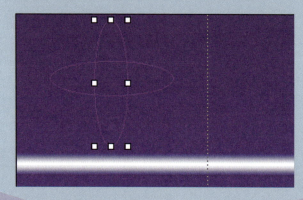

Ellipse kopieren

1. Markiere die senkrechte Ellipse.

2. Drücke die Tastenkombination [Strg] + [C] für **Kopieren**.

3. Drücke danach die Tastenkombination [Strg] + [V] für **Einfügen**.

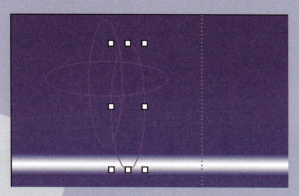

Ellipse um 45 Grad drehen
1. Lasse die dritte Ellipse markiert. Klicke nun auf das Menü **Format** – **AutoForm** und dort auf die Registerkarte **Größe**.

2. Auf der Registerkarte **Größe** trägst du unter **Drehung:** die Zahl **45** ein und bestätigst mit OK.

3. Ziehe die dritte Ellipse wieder über die Mitte der anderen beiden Ellipsen.

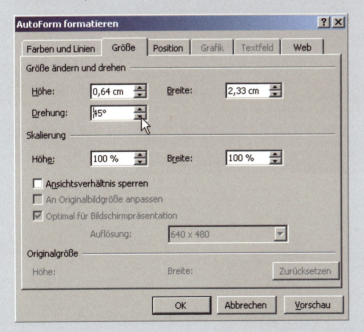

Letzte Ellipse zeichnen
1. Markiere die dritte Ellipse oder lasse sie markiert.

2. Kopiere die Ellipse mit der Tastenkombination [Strg] + [C].

3. Füge die Kopie mit [Strg] + [V] ein.

4. Drehe die Ellipse um 90°, mit Klick auf Zeichnen ▼ in der Zeichnensymbolleiste und dann auf **Drehen oder kippen** – **Linksdrehung**.

5. Ziehe die letzte Ellipse über die anderen drei Ellipsen.

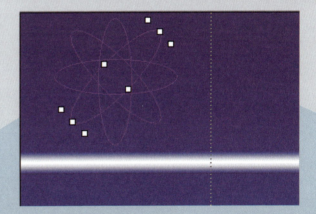

< Das ist scharf. Wie viele Möglichkeiten es zum Kopieren gibt! >

Objekte schön gleichförmig zeichnen

Es gibt einen Trick, verschiedene Objekte gleichförmig zu erzeugen – mit Hilfe der **Shift-Taste** ⇧.

◯ Objekt wird ein Kreis

▢ Objekt wird ein Quadrat

╲ Objekt wird ein waagerechter oder senkrechter Strich

Kreisrund – richtige Kreise zeichnen

Wenn du einen Kreis aufziehen möchtest, musst du das Symbol **Ellipse** ◯ verwenden.

Du brauchst einfach nur während des Aufziehens die **Shift-Taste** ⇧ gedrückt halten, dann bekommst du automatisch einen Kreis.

Kreis zeichnen
1. Wähle das Symbol **Ellipse** ◯ aus der Zeichnensymbolleiste.

2. Ziehe einen Kreis auf. Halte dabei die **Shift-Taste** ⇧ gedrückt, damit es wirklich ein Kreis wird.

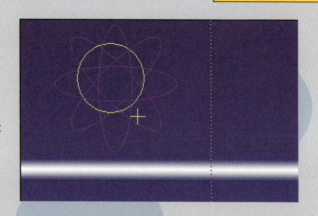

Format von Objekten übertragen
1. Markiere dazu eine Ellipse.

2. Klicke auf den Pinsel 🖌 in der Standardsymbolleiste und klicke dann auf den neuen Kreis.

3. Die Rahmenfarbe des Kreises ist nun auch Lila.

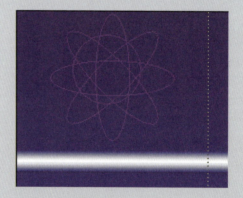

< Ich bekomme den Kreis einfach nicht genau in die Mitte. >

< Macht nichts, das kannst du später noch verschieben. >

Gefüllten Kreis erzeugen
1. Klicke auf ⬭ in der Zeichnensymbolleiste.

2. Gehe in die Mitte des Logos.

3. Ziehe einen ganz kleinen Kreis in der Mitte auf. Halte dabei die **Shift-Taste** ⇧ gedrückt.

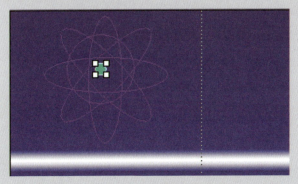

4. Klicke auf das Symbol **Füllfarbe** 🖌 ▾ in der Zeichnensymbolleiste und wähle **Lila**.

5. Gehe auf 🖌 ▾ und wähle als **Linienfarbe** wieder **Lila**.

< Das Kleinste ist wie immer der Hit. >

Optik – alles mittig zueinander ausrichten

Wenn du frei mit der Maus mehrere Objekte zueinander zentrieren möchtest, kann es immer passieren, dass die Objekte nicht genau ausgerichtet sind. Es gibt einen speziellen Befehl, der mehrere Objekte gleichmäßig ausrichten kann.

Um die Objekte gleichmäßig zu zentrieren, müssen alle Objekte markiert sein.

Mehrere Objekte markieren
1. Ziehe mit der Maus um das gesamte Logo, um es komplett zu markieren. Du solltest sehr großzügig markieren, damit wirklich alle Objekte erwischt werden.

2. Alle Objekte, die komplett in der Markierung enthalten sind, werden markiert.

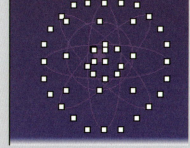

Das sieht etwas chaotisch aus, aber wenn du genau schaust, siehst du, dass alle Objekte weiße Anfasserpunkte erhalten haben.

Logisch ein Logo

Objekte mittig ausrichten

1. In der Zeichnensymbolleiste klickst du auf [Zeichnen ▼] und dann auf **Ausrichten oder verteilen**.

2. Klicke auf **Horizontal zentrieren**.

3. Anschließend klickst du noch mal auf [Zeichnen ▼], dann auf **Ausrichten oder verteilen** – **Vertikal zentrieren**.

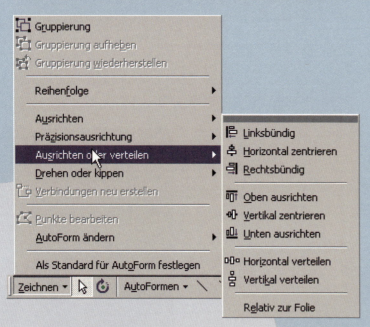

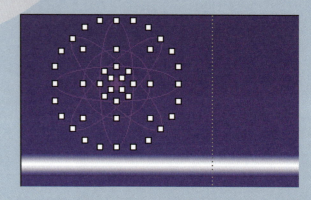

Alles sitzt nun korrekt zueinander. Wenn du beim Erstellen des Logos schon sehr exakt gearbeitet hast, kann es gut sein, dass du beim Zentrieren keine Veränderung bemerkst.

< *Das ist ja ein super Befehl. Nur mit der Maus hätte ich das nie hinbekommen.* >

Gruppenauftritt – viele Teile werden ein Ganzes

Das Logo besteht nun aus sechs einzelnen Elementen. Wenn du das ganze Logo vergrößern, verschieben oder kopieren möchtest, musst du jeweils aufpassen, dass du alle sechs Objekte erwischst. Du hast die Möglichkeit, diese sechs Objekte zu einem festen Objekt zu verbinden. Das heißt **Gruppieren**.
Um die Objekte zu verbinden, musst du zuerst alle einzelnen Objekte markiert haben.

Objekte zu einer Gruppe zusammenfassen

1. Markiere alle Objekte wie vorher. Keines vergessen!

2. Klicke auf Zeichnen ▼ in der Zeichnensymbolleiste und dann auf **Gruppierung**.

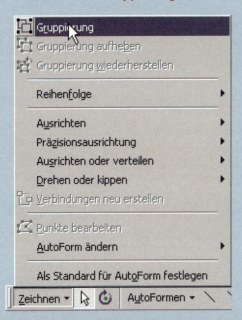

Jetzt hast du nur noch acht Markierungssymbole für das ganze Logo zusammen.

Das Logo ist jetzt fertig. Damit du wieder den ganzen Folienmaster sehen kannst, musst du den Zoom wieder kleiner stellen.

Zoomfaktor anpassen
Wähle im Symbol **Zoom Anpassen**.

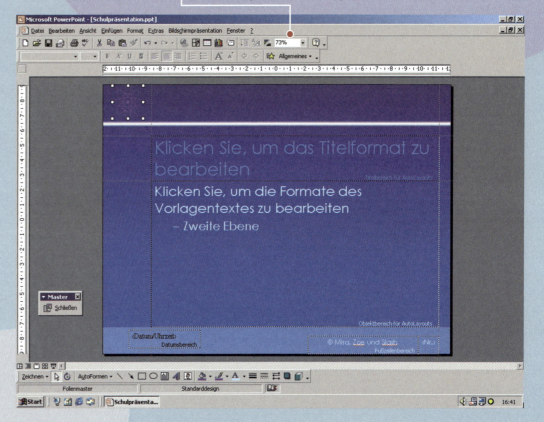

Logisch ein Logo

3.2 Der Name zum Logo

Etwas rechts vom Logo soll der Schriftzug der Schule nachgearbeitet werden. Du kannst in PowerPoint nicht irgendwo hinschreiben, deshalb musst du einen neuen Platzhalter erstellen.

Textfeld anlegen

1. Klicke auf das Symbol für **Textfeld** aus der Zeichnensymbolleiste.
   Der Cursor wird zum -Symbol.

2. Ziehe rechts vom Logo das Textfeld auf, so dass der Schriftzug der Schule gut reinpasst. Plaziere die linke Seite des Textfeldes an der Führungslinie.
   Der Cursor blinkt nach dem Loslassen der Maustaste im Textfeld.

3. Tippe direkt in das Textfeld **Marie Curie Schule** ein.

Textfeld formatieren

1. Markiere das Textfeld, klicke dazu auf den Rand des Textfeldes. Du erhältst eine gepunktete Linie.

2. Wähle als **Schriftart** Bradley Hand ITC.

> **Info:** Falls du die Schriftart Bradley Hand ITC nicht zur Verfügung hast, wähle eine andere vergleichbare Schriftart.

3. Formatiere den Schriftzug **fett** mit Klick auf **F**.

4. Formatiere den Schriftzug in der **Schriftgröße** 28.

5. Wähle über das Symbol **Schriftfarbe** aus der Zeichnensymbolleiste die Farbe **Lila**, wie für das Logo.

Logo und Schriftzug zentrieren

Das Logo und der Schriftzug stehen jetzt nicht unbedingt auf einer Höhe. Das sieht komisch aus. Also müssen die Objekte zueinander ausgerichtet werden – ähnlich wie bei den Ellipsen.

Mehrere Objekte hast du ja schon beim Logo zentriert. Du kannst Objekte auch nur waagerecht oder senkrecht zentrieren.

Um mehrere Objekte zu markieren, kannst du mit der Maus über alle Objekte ziehen. Du kannst aber auch alle Objekte nach und nach anklicken. Dabei drückst du, nachdem du das erste Objekt markiert hast, die **Shift-Taste** ⇧ und klickst dann die anderen Objekte an.

Logo und Schriftzug markieren
1. Markiere das Textfeld mit dem Schriftzug, indem du auf den Rand des Textfeldes klickst.

2. Drücke die **Shift-Taste** ⇧.

3. Klicke das Logo an.

Logo und Schriftzug vertikal zentrieren
1. In der Zeichnensymbolleiste klickst du auf Zeichnen ▾.

2. Wähle **Ausrichten oder verteilen**.

3. Klicke auf **Vertikal zentrieren**.

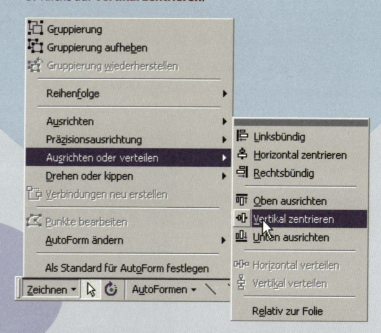

3.3 Startfolie mit Logo anlegen

Mit dem Folienmaster hast du das Design für deine Folien festgelegt. Um nun einzelne Folien zu erstellen, musst du den Folienmaster schließen.

> < Hey, ich weiß jetzt, was wir auf die allererste Folie draufpacken. Wir machen eine Folie nur mit dem Logo, dann wissen alle sofort, dass das eine Präsentation unserer Schule ist. >

Folienmaster schließen
Klicke in der Mastersymbolleiste auf , um den Folienmaster zu verlassen und die Startfolie anzupassen. Du landest in der **Normalansicht**.

> < Hey super, alles da – das Logo, unsere Namen, der untere Rand, das Rohr, die Foliennummerierung. >

In der **Normalansicht**, die immer voreingestellt ist, hast du rechts einen Bereich, in dem du die Folie sehen kannst. Links ist ein Bereich, in dem du eine kurze Übersicht über alle Folien mit ihrem Inhalt haben wirst. Zum Arbeiten auf einer Folie ist das aber Platzverschwendung, da du besser arbeiten kannst, wenn die Folie größer angezeigt wird. Es gibt eine Ansicht, in der du nur die Folie siehst. Diese Ansicht heißt **Folienansicht**.

In die Folienansicht wechseln
Klicke links unten auf dem Bildschirm auf das Symbol **Folienansicht**.

Extrawürste gibt es immer

Diese Folie wird mit allen Objekten und Texten, die du im Master angelegt hast, angezeigt. So wird jetzt jede Vorlage für eine neue Folie aussehen. Die Startfolie soll einfach nur das Logo groß auf der Folie haben. Das Logo, der untere Rand und alle anderen Objekte aus dem Folienmaster stören dabei nur. Da die Objekte aber auf dem Folienmaster sind und du jetzt in der Folienansicht bist, kannst du die Objekte hier gar nicht löschen. Um für eine Folie alle Objekte, die eigentlich in den Folienmaster gehören zu löschen, gibt es einen extra Befehl.

Hintergrundobjekte ausblenden
1. Wähle im Menü den Befehl **Format** – **Hintergrund**.

2. Mache einen Haken bei **Hintergrundbilder aus Master ausblenden**.

3. Bestätige mit Übernehmen .

Logo kopieren

Du brauchst das Logo jetzt nicht noch mal komplett nachzuarbeiten. Du kannst es einfach kopieren.

Logo aus Folienmaster kopieren
1. Wechsle in den Folienmaster mit dem Befehl **Ansicht** – **Master** – **Folienmaster** im Menü.

2. Klicke auf das Logo, um es zu markieren.

3. Klicke auf das Symbol **Kopieren** aus der Standardsymbolleiste.

4. Schließe den Folienmaster wieder, indem du auf Schließen in der Mastersymbolleiste klickst.

5. Füge das Logo auf der leeren Folie ein, indem du auf das Symbol **Einfügen** in der Standardsymbolleiste klickst.

< Wie gut, dass das Logo eine Gruppe ist, da geht das kopieren echt easy. >

Logisch ein Logo

Das Logo wird genau an der gleichen Stelle eingefügt wie auch auf dem Folienmaster. Als Startfolie sieht es etwas mickrig aus, wenn das Logo so klein da oben hängt. Du vergrößerst das Logo natürlich und ziehst es in die Mitte.

Um das Verhältnis zwischen Länge und Breite des Logos zu erhalten, hältst du zusätzlich beim Vergrößern die **Shift-Taste** gedrückt.

Logo vergrößern

1. Markiere das Logo.

2. Ziehe mit gedrückter **Shift-Taste** das Logo fast so groß wie die Folie. Du klickst dazu auf einen Eckanfasser.

3. Verschiebe das Logo nun in die Mitte der Folie.

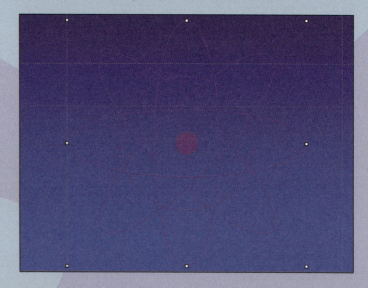

< Klar, damit ein Kreis ein Kreis bleibt. >

< Das Logo kann man ja kaum noch erkennen. >

< Ja, das liegt daran, dass die Linien so dünn sind. >

Um das Logo deutlicher erkennen zu können, formatierst du die Linien des Logos in einer stärkeren Linienart.

Linien dicker formatieren

1. Markiere das Logo.

2. Klicke auf das Symbol **Linienart** 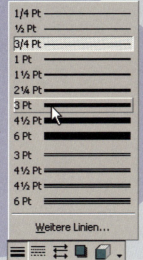 aus der Zeichnensymbolleiste.

3. Wähle die **Linienstärke 3 pt**.

Speichern
Damit deine Arbeit nicht verloren gehen kann, speichere die Datei jetzt zwischendurch ab, indem du auf 💾 klickst.

< Ja, alles klar, jetzt kann man das Logo erkennen. >

< Ich habe schon eine Idee für die letzte Folie. >

< Au ja, dann lass uns das doch gleich anpacken, aber nicht dass ihr denkt, wir wären schon fertig. >

3.4 Abschlussfolie anlegen

Die Abschlussfolie soll den Text „Viel Spaß in unserer Schule" enthalten. Wenn du einfach nur eine Folie mit ein bisschen Text brauchst, kannst du eine leere Folie einfügen und den Text in ein Textfeld schreiben.

Leere Folie einfügen

1. Klicke auf das Symbol **Neue Folie** aus der Standardsymbolleiste.

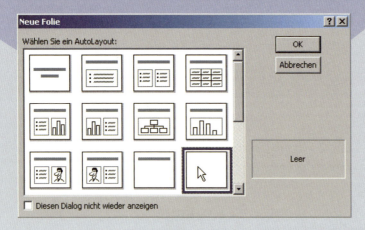

2. Wähle aus den Folienlayouts eine **leere Folie** aus.

3. Bestätige mit OK.

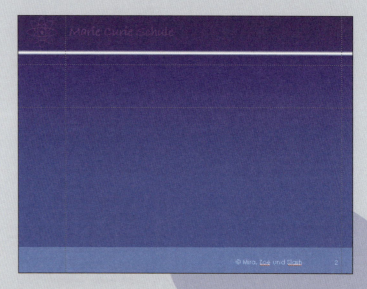

Die Abschlussfolie ist genau wie Startfolie eine Extrawurst. Deshalb nimmst du hier die Objekte des Folienmasters wieder raus.

Hintergrundobjekte wieder ausblenden

1. Wähle im Menü den Befehl **Format – Hintergrund**.

2. Mache einen Haken bei **Hintergrundbilder aus Master ausblenden**.

3. Bestätige mit Übernehmen.

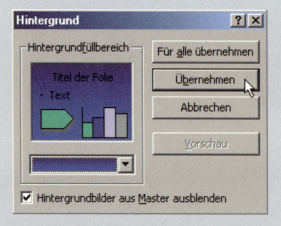

Für den Schriftzug des Logos auf dem Folienmaster hast du ja schon mal ein Textfeld angelegt. Auch für den Text brauchst du ein Textfeld, damit du auf die Folie schreiben kannst.

Textfeld erzeugen
1. Klicke auf das Symbol **Textfeld** aus der Zeichnensymbolleiste.

2. Ziehe ein Textfeld zwischen den senkrechten Führungslinien auf, oben begrenzt durch die obere waagerechte Führungslinie.

3. Tippe den Text **VIEL SPASS ...** in Großbuchstaben ein. Beginne dann eine neue Zeile mit der **Enter-Taste** und schreibe **in unserer Schule**.

Schriftart ändern
1. Markiere den Text in der ersten Zeile.

2. Wähle als **Schriftart** **Comic Sans MS**. Bei der **Schriftgröße** gehst du auf **72**.

3. Markiere den Text in der zweiten Zeile.

4. Du wählst wieder als **Schriftart** **Comic Sans MS** und dann aber die **Schriftgröße 48**.

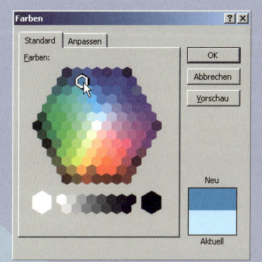

Schriftfarbe anpassen
1. Markiere das komplette Textfeld mit einem Klick auf den Rand. Jetzt kannst du den Text komplett formatieren.

2. Klicke auf das Symbol **Schriftfarbe** aus der Zeichnensymbolleiste und dort auf **Weitere Schriftartfarben...**.

3. Wähle ein dunkles **Blaugrün** aus der Wabe aus.

4. Bestätige mit OK.

Text fett gestalten
1. Markiere das komplette Textfeld.

2. Klicke auf das Symbol **F** aus der Formatsymbolleiste.

Aus Kreisen werden Wasserblasen

Einen schönen Effekt kannst du erzeugen, wenn du auf der ganzen Folie lauter Ellipsen anordnest. Diese Ellipsen kannst du unterschiedlich groß formatieren. Du brauchst nicht jede Ellipse neu zu zeichnen, mache eine Ellipse und kopiere die anderen.

Ellipse erzeugen
1. Klicke auf das Symbol **Ellipse** ⬭ aus der Zeichnensymbolleiste.

2. Ziehe eine Ellipse irgendwo auf der Folie auf.

Ellipse formatieren
1. Klicke auf das kleine Dreieck des Symbols **Füllfarbe** aus der Zeichnensymbolleiste und dort auf **Fülleffekte...**.

2. Wähle die Registerkarte **Graduell**.

3. Wähle unter **Farben** die Einstellung **Voreinstellung**.

4. Du kannst aus vielen vordefinierten Farbverläufen auswählen. Wähle aus der Liste **Morgendämmerung** aus.

5. Bestätige mit OK.

6. Gehe auf und wähle das helle Blau als **Linienfarbe**.

Deine Ellipse sieht nun so aus:

< Der Schluss muss noch mal gut abrunden. Machen wir Kreise! >

Originale kopieren – völlig legal

Es ist viel cleverer, Objekte nicht mehrmals anzulegen und jedes Mal neu zu formatieren. Geschickter ist es, das ganze Objekt zu kopieren und eventuell nur noch ein bisschen zu verändern. Das hast du ja schon beim Erstellen des Logos mit den einzelnen Ellipsen gemacht.

Ellipsen mit der Maus kopieren
1. Markiere die Ellipse.

2. Halte die **Strg-Taste** [Strg] gedrückt.

3. Klicke in die Mitte der Ellipse und ziehe sie zur Seite.

4. Lasse zuerst die Maustaste los, dann die **Strg-Taste** [Strg].

Wenn du die **Strg-Taste** [Strg] drückst, bekommt der Mauszeiger ein kleines Pluszeichen mit angehängt. Nachdem du die Maus loslässt, wird die Ellipse kopiert.

Alle Ellipsen kopieren und unterschiedlich vergrößern
1. Kopiere alle anderen Ellipsen auf die Folie.

2. Verändere die Größen der Ellipsen, indem du an den Anfasserpunkten ziehst.

3. Speichere das Ganze nun mit einem Klick auf .

< Super, sieht ja aus wie Luftblasen. >

< Vielleicht sollten wir noch richtige Seifenblasen dazu machen. >

< Ihr braucht 'ne Pause, oder? >

Titelfolien

Titelfolien

Immer wieder ein neues Thema

4.1 Titelmaster – der versteckte Master

Damit sich deine Zuschauer während der Präsentation auf ein neues Thema einstimmen können, ist es sinnvoll, am Anfang eines neuen Themas eine Titelfolie zu verwenden. Mit Titelfolien werden große Präsentationen in kleine Abschnitte unterteilt. Du kannst neben dem Folienmaster auch noch eine Vorlage für Titelfolien erstellen. Die heißt Titelmaster. Für die normalen Folien wird PowerPoint den Folienmaster als Vorlage verwenden. Fügst du eine Titelfolie ein, wird der Titelmaster als Vorlage genutzt.

Der Titelmaster wird nicht automatisch in PowerPoint angezeigt. Du musst ihn zuerst einfügen. Du benutzt für den zusätzlichen Titelmaster den Folienmaster als Grundlage. So musst du nicht noch einmal alles gestalten und kannst trotzdem ein paar kleine Änderungen einbauen.

< Deshalb legen wir den Titelmaster auch erst an, wenn der Folienmaster komplett gestaltet ist. >

Neuen Titelmaster einfügen

1. Öffne wieder den Folienmaster im Menü **Ansicht** – **Master** – **Folienmaster**.

2. Der Titelmaster wird eingefügt, indem du im Menü **Einfügen** – **Neuer Titelmaster** wählst.

< Ja, voll krass, das Logo, die Trennlinie und unser Rand sind ja schon da. >

Das Logo, die Trennlinie und der Fußzeilenbereich werden beim Einfügen des Titelmasters vom Folienmaster mit übernommen.

Du erhältst zwei neue Platzhalter – einmal, um das Titelformat und dann, um das Untertitelformat für die Titelfolien zu ändern.

Titelmaster gestalten

Titelfolien haben nicht so viel Text wie normale Folien, deshalb kannst du auf dem Titelmaster ruhig noch ein Objekt zeichnen. Um die Folie besser zu teilen, kannst du noch eine senkrechte Trennlinie einfügen. Diese Linie gestaltest du dann so wie die waagerechte Trennlinie. Das Logo und die waagerechte Trennlinie bleiben. Den Fußzeilentext und die Foliennummer hingegen kannst du auf den Titelfolien weglassen.

Zweite Trennlinie erzeugen

1. Klicke auf das Symbol **Rechteck** aus der Zeichnensymbolleiste.

2. Ziehe links neben der linken Führungslinie ein etwa **0,5 cm** breites Rechteck auf. Das Rechteck soll oben an die waagerechte Trennlinie und unten an den Folienrand anschließen.

Die senkrechte Trennlinie soll wie die waagerechte Trennlinie formatiert werden. Damit du nicht alles noch mal machen musst, übertrage das Format von einem Objekt zum anderen.

Format von einem Rechteck zum anderen übertragen

1. Markiere das waagerechte obere Rechteck.

2. Wähle das Symbol **Format übertragen** aus der Standardsymbolleiste.

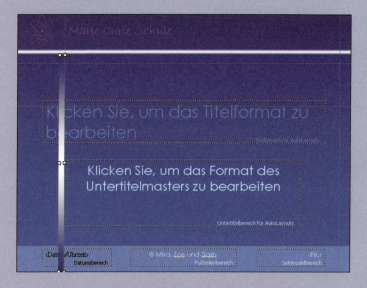

3. Der Mauszeiger bekommt einen kleinen Pinsel angehängt.

4. Klicke irgendwo auf das senkrechte Rechteck.

Der Verlauf für das senkrechte Rechteck geht jetzt auch von oben nach unten. Damit aber wieder ein Rohr-Effekt entsteht, muss ein Verlauf von links nach rechts erzeugt werden.

Verlauf anpassen
1. Markiere das senkrechte Rechteck.
2. Klicke auf das kleine Dreieck beim Symbol **Füllfarbe** und wähle **Fülleffekte...** aus.
3. Passe den Verlauf an, indem du bei **Schattierungsarten** **Vertikal** und als **Variante** die linke untere wählst.

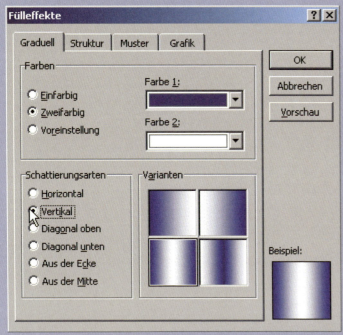

4. Bestätige mit OK.

Mit dieser neuen Trennlinie sieht es besser aus, wenn der untere blaue Randstreifen entfernt wird.

Rechteck am unteren Rand entfernen
1. Klicke auf das Rechteck. Dabei musst du natürlich aufpassen, dass du nicht einen der Platzhalter der Fußzeile erwischst.
2. Drücke auf die **Entf-Taste** [Entf].

Auf der Titelfolie brauchst du keine Fußzeile.

Fußzeilenbereich für Titelfolien entfernen

1. Markiere das Datum, den Fußzeilentext und die Foliennummer der Fußzeile. Klicke dazu das Erste an, halte anschließend die **Shift-Taste** ⇧ gedrückt und klicke die anderen beiden Elemente an.

2. Entferne alle Elemente, indem du auf die **Entf-Taste** [Entf] drückst.

Titel zentrieren und verschieben

1. Verschiebe den Titelplatzhalter an die untere waagerechte Führungslinie.

2. Verkleinere den Titelplatzhalter so, dass er bis an die rechte Führungslinie reicht.

3. Zentriere den Text des Titels mit Klick auf ≡.

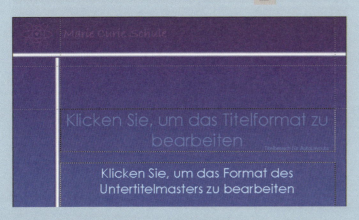

< Ok, und zum Glück haben wir ja auch noch die Führungslinien. Damit geht das jetzt ratzfatz. >

Untertitel anpassen

1. Markiere den Untertitelplatzhalter, indem du auf den Rand des Feldes klickst.

2. Passe auch den Untertitel in der Größe so an, dass er exakt zwischen den beiden Führungslinien liegt.

Master wieder schließen

Um den Folienmaster zu schließen, klickst du auf das Symbol **Schließen** in der kleinen Mastersymbolleiste.

4.2 Titelfolien anlegen – Inhalte sind gefragt

Nachdem du jetzt das grundlegende Design für alle Folien vorbereitet hast und auch schon zwei Folien, nämlich die Start- und die Abschlussfolie, angelegt hast, kannst du beginnen, die einzelnen Folien anzulegen. Beginne mit den Titelfolien.

Titelfolie für Schulbeschreibung einfügen

Die Schulpräsentation hat drei Themenbereiche.

- Unsere Schule
- Unsere Namensgeberin Marie Curie
- Projekte unserer Schule

Für jeden Bereich erstellst du eine Titelfolie zum Einstieg.

Titelfolie einfügen

1. Klicke auf das Symbol in der Standardsymbolleiste.

2. Wähle hier das Folienlayout **Titelfolie** aus und bestätige mit OK.

Das Folienlayout **Titelfolie** sieht beim Einfügen so aus, wie du den Titelmaster gerade gestaltet hast.

Text auf Titelfolie einfügen
1. Klicke in den großen Platzhalter in der Mitte, um den Titel einzutragen.

2. Der Cursor blinkt zur Texteingabe. Tippe **Unsere Schule** ein.

Untertitel auf einer Folie einfügen
1. Klicke in den Kasten für den Untertitel.

2. Gib den Text **ist eine Gesamtschule** ein.

3. Erzeuge eine neue Zeile, indem du auf die **Enter-Taste** drückst.

4. Tippe **deshalb gibt es hier für alle** ein.

5. Erzeuge wieder eine neue Zeile und gib die letzte Zeile **tolle Möglichkeiten ...** ein.

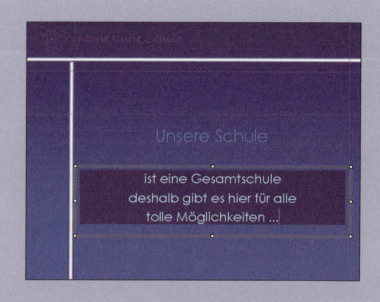

< Das sind echte Zauberer, unsere Master. >

< Voll krass, das kann ich jetzt einfach schreiben. Ich brauch gar kein eigenes Textfeld mehr anzulegen. >

Speichere deine Präsentation wieder mit einem Klick auf .

4.3 Titelfolie mit Bildern aus dem Internet

Bilder kannst du gut aus dem Internet herunterladen und auch in PowerPoint einfügen. Du kannst in einer Suchmaschine nach Bildern suchen, oder du holst dir nützliche Grafiken bei www.younguser.de.

Info: Falls du keinen Zugang zum Internet hast, kannst du die Titelfolie von Marie Curie auch ohne Bild gestalten.

Suchmaschine starten

1. Lasse PowerPoint geöffnet und starte parallel das Internet.

2. Gib als Adresse **www.google.de** ein und bestätige mit **Enter** ⏎. Die Suchmaschine **Google** wird gestartet.

Wenn du ein Bild von Marie Curie suchst, gibst du **Marie Curie** in Gänsefüßchen ein. Damit wird nach dem feststehenden Begriff **Marie Curie** gesucht, das nennt sich **Phrase**. Eine Phrase hat den Vorteil, dass nicht alles angezeigt wird, was mit Marie und mit Curie zu tun hat, sondern nur Seiten, auf denen Marie Curie direkt hintereinander steht.

Info: Zum Recherchieren kannst du natürlich auch eine andere Suchmaschine wie Lycos.de, altavista.de oder web.de verwenden.

Suche nach Bild von Marie Curie eingeben

1. Gib als Suchbegriffe **„Marie Curie" Bild** ein.

2. Wähle als Option **Seiten auf Deutsch**.

3. Bestätige mit der **Enter-Taste** ⏎.

Suchergebnis anschauen

1. Klicke auf das erste Suchergebnis.

2. Die Seite wird geöffnet.

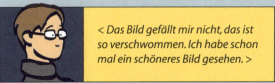

< Das Bild gefällt mir nicht, das ist so verschwommen. Ich habe schon mal ein schöneres Bild gesehen. >

Nicht jede Internetsuche hat sofort Erfolg. Wenn dir das Suchergebnis nicht gefällt, kannst du die anderen Suchergebnisse durchgehen.

Du kannst auch eine neue Suche eingeben. Wenn du Bilder von Marie Curie suchst, kannst du auch zu einem Ergebnis kommen, wenn du nach Biographien suchst. In Biographien sind oft auch Bilder der Personen dabei.

Neue Suche nach Bildern von Marie Curie

1. Gehe über die Schaltfläche zur Suchmaschine zurück.

2. Gib als Suchbegriff **„Marie Curie" Biographie** ein.

3. Öffne dieses Suchergebnis, indem du es anklickst.

< Ja, das ist das Bild, das ich gesucht habe. Ich werde es mal sofort speichern. >

Bild abspeichern

1. Klicke mit der rechten Maustaste auf das Bild.

2. Wähle aus dem Kontextmenü den Befehl **Bild speichern unter...** .

3. Speichere die Grafik in den Ordner **Schüleraustausch**, in dem auch schon die Schulpräsentation abgespeichert ist.

4. Gib der Grafik den Namen **Bild Marie Curie** und bestätige mit Speichern .

Die Datei erhält automatisch die Endung **.jpg**.

Internet beenden

1. Schließe den Browser.

2. Trenne die Verbindung.

3. Wechsle zurück zu **PowerPoint**.

< Jetzt bringen wir die Marie Curie mal auf Folie. >

Titelfolie einfügen

1. Wähle das Symbol **Neue Folie** .

2. Wähle als Folienlayout wieder **Titelfolie**.

3. Tippe als Titel **Unsere Namensgeberin** ein.

Untertitel einfügen

1. Klicke in das Feld für den Untertitel.

2. Gib **Marie Curie** ein.

Grafik auf Folie einfügen und anpassen

Du kannst auf einer Folie beliebige Objekte einfügen. Nicht nur die, die du über die Auswahl der Folienlayouts angeboten bekommst.

Bild von Marie Curie einfügen

1. Wähle aus dem Menü **Einfügen** – **Grafik** – **Aus Datei**.

2. Wähle erst den Ordner **Eigene Dateien** und dann den Ordner **Schüleraustausch** aus. Dort hast du die Datei **Bild Marie Curie.jpg** aus dem Internet gespeichert.

3. Klicke auf die Datei aus der Liste.

4. Klicke auf Einfügen.

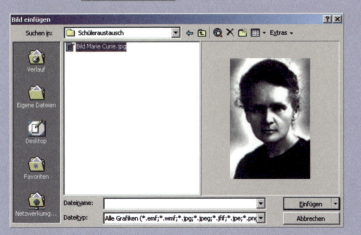

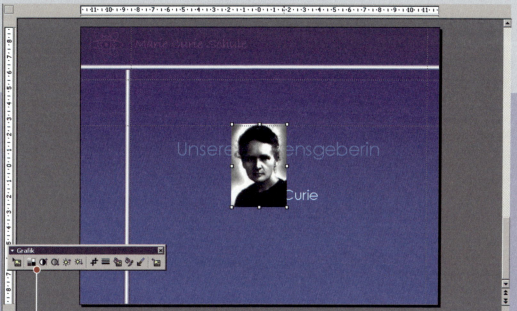

Nachdem das Bild eingefügt wurde, wird automatisch die **Grafiksymbolleiste** eingeblendet. Diese Symbolleiste brauchst du, um Grafiken zu bearbeiten. Sie wird nur eingeblendet, solange die Grafik markiert ist.

Jetzt musst du auf der Folie noch ein wenig Ordnung schaffen.

Platzhalter des Untertitels anpassen
1. Markiere den Untertitelplatzhalter durch Anklicken des Rahmens.

2. Verkleinere den Untertitelplatzhalter, indem du den mittleren Anfasserpunkt verschiebst.

3. Klicke auf den Rahmen und verschiebe den Untertitelplatzhalter nach unten. Jetzt hat das Bild darüber Platz.

Bild vergrößern
1. Markiere das Bild, indem du darauf klickst.

2. Vergrößere das Bild, indem du es mit dem rechten unteren Anfasserpunkt größer ziehst.

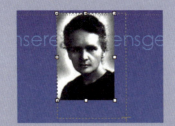

< *Diagonal ziehen, sonst wird die Ärmste ziemlich mager.* >

Es sieht viel besser aus, wenn das Bild mittig unter dem Titel sitzt. Das kannst du automatisch machen lassen, indem du es horizontal zentrierst – ähnlich wie du schon das Logo und den Schriftzug vertikal zentriert hast.

Titel, Bild und Untertitel zentrieren
1. Markiere Titel, Bild und Untertitel, indem du zuerst den Titel und dann mit gedrückter **Shift-Taste** ⇧ das Bild und den Untertitel anklickst.

2. Wähle **Zeichnen** – **Ausrichten oder verteilen** – **Horizontal zentrieren** in der Zeichnensymbolleiste.

Info Die Reihenfolge der Markierung ist entscheidend: Alle Markierungen richten sich nach dem zuerst ausgewählten Objekt.

Bild in einer Linie verschieben

1. Hebe die Markierung der drei Objekte auf, indem du irgendwo auf die Folie klickst.

2. Markiere jetzt nur das Bild.

3. Verschiebe das Bild senkrecht nach unten, halte dabei die **Shift-Taste** ⇧ gedrückt, damit es in der Linie bleibt.

< *Super, wenn ich die Shift-Taste drücke, kann ich nur noch waagerecht oder senkrecht verschieben.* >

Deine Titelfolie über Marie Curie:

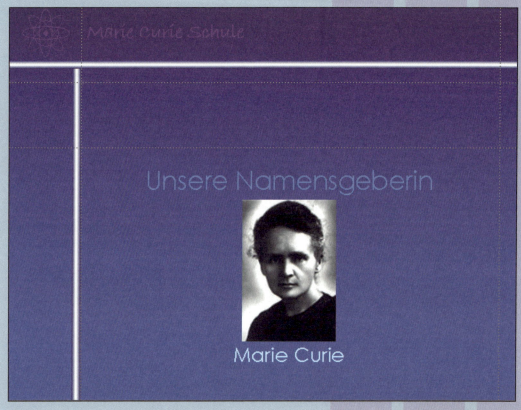

Speichern
Jetzt erst mal wieder das Kunstwerk mit einem Klick auf 💾 speichern.

< *Ein super Einstieg, damit haben wir schon die halbe Miete.* >

4.4 Titelfolie mit Grafik – Klasse 3D

Das dritte Thema der Schulpräsentation sind die Schulprojekte. Auch für dieses Thema stellst du eine Titelfolie vor die einzelnen Folien. Auf dieser Titelfolie zeigst du die Projekte auf.

Titelfolie für die Schulprojekte anlegen

1. Füge eine neue **Titelfolie** mit Klick auf [icon] ein.

2. Gib als Titel **Projekte unserer Schule** ein.

Ellipsen als Platzhalter für Text

In einer PowerPoint-Präsentation brauchst du nicht alle Informationen nur als Text untereinander zu schreiben. Du kannst auch grafische Objekte wie Kreise oder Rechtecke verwenden und diese beschriften, um Text darzustellen – das ist effektvoller.

Wenn du auf der Titelfolie noch vier Ellipsen unterbringen möchtest, brauchst du etwas mehr Platz. Dazu verschiebst du den Titel und löschst den Platzhalter für den Untertitel. Anschließend erzeugst du die erste Ellipse. Die anderen Ellipsen kopierst du am besten, damit alle vier Ellipsen die gleiche Größe haben. Die Formatierungen für die einzelnen Ellipsen machst du dann nach und nach.

> **Info**
> Um ein Textfeld zu markieren, dessen Rand du nicht sehen kannst, klickst du zuerst in die Buchstaben des Textfeldes und anschließend auf den nun sichtbaren Rand.

Titel und Untertitel anpassen

1. Klicke in den Titel und anschließend auf den Rand des Titels, um ihn zu markieren.

2. Verschiebe den Titel zwischen den beiden waagerechten Führungslinien weiter nach oben.

3. Markiere den Untertitel, indem du in den Platzhalter und anschließend auf den Rand klickst.

4. Lösche den Untertitel, indem du auf die **Entf-Taste** [Entf] drückst.

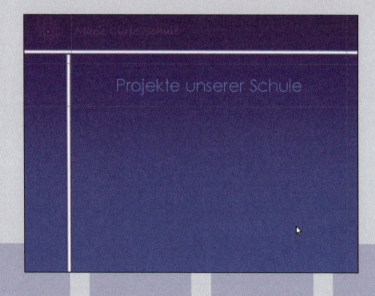

Erste Ellipse erzeugen

1. Wähle aus der Zeichnensymbolleiste das Symbol **Ellipse** ⬭ aus.

2. Erzeuge eine Ellipse in der unteren Hälfte der Folie.

In grafische Objekte kannst du einfach reinschreiben.

Text in Ellipse eintragen

1. Markiere die Ellipse.

2. Gib den Text **Erste Hilfe Projekt** ein.
   Der Text kann für die Ellipse etwas zu groß sein. Erzeuge deshalb nach dem Wort **Erste Hilfe** eine neue Zeile mit der **Enter-Taste** ⏎.

Schrift verändern

1. Markiere die ganze Ellipse, indem du auf den Rand der Ellipse klickst.

2. Wähle die **Schriftart** Comic Sans MS aus.

3. Wähle die **Schriftgröße** 24.

4. Formatiere den Text **fett** mit einem Klick auf **F**.

5. Wähle als **Schriftfarbe** das helle Blau aus.

> **Info:** Durch Ziehen der Anfasser kannst du Größe und Form der Ellipse auch nachträglich verändern. Achte dabei darauf, dass auch der längste Text hineinpasst.

Linien entfernen

1. Markiere die Ellipse.

2. Wähle aus dem Symbol **Linienfarbe** 🖌 **Keine Linie** aus.

< Ok, jetzt das Ganze noch dreimal. >

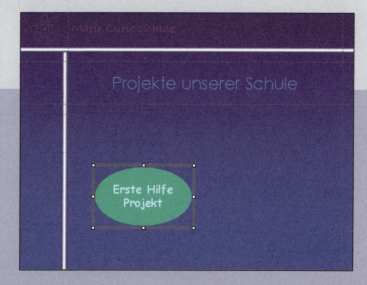

Titelfolien

Ellipsen mit der Maus kopieren

1. Markiere die Ellipse.

2. Halte die **Strg-Taste** Strg gedrückt.

3. Klicke in die **Mitte** der Ellipse und ziehe sie zur Seite. Achte darauf, dass du nicht den Text anklickst.

4. Lasse zuerst die Maustaste, dann die **Strg-Taste** Strg los.

Eine Kopie ist nun erstellt. Diesen Schritt wiederholst du noch zweimal. Platziere die Ellipsen so, dass sie sich leicht berühren.

Farben für die Projekt-Titelfolie ändern

Du kannst natürlich für jede Ellipse eine andere Füllfarbe wählen.

Farbe der Ellipsen ändern

1. Markiere die linke obere Ellipse.

2. Wähle über das Symbol **Füllfarbe** - **Weitere Füllfarben...** und wähle ein **helles Lila** aus.

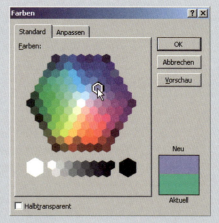

Projektbezeichnungen in die Ellipsen eintragen

1. Markiere den Text in der linken oberen Ellipse.

2. Tippe **Computer Community** ein. Beginne hinter **Computer** eine neue Zeile.

3. Trage in die obere mittlere Ellipse **Lehrer lernen mit Schülern** ein. Füge jeweils nach **Lehrer** und **mit** einen Zeilenumbruch ein.

4. Tippe in die rechte Ellipse **Flag-Football** ein.

3. Markiere die mittlere obere Ellipse und wähle bei  ein **Blaugrün** als Füllfarbe.

4. Markiere die rechte Ellipse und wähle bei 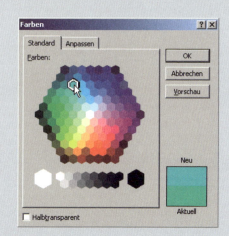 ein **helles Blaugrün** als Füllfarbe.

< Ich glaube, verschiedene Blau- und Lilatöne passen gut zu einander. >

3D-Schatten für die Ellipsen

Wenn du eine Ellipse oder eine andere grafische Form einfügst, wird diese immer als platte Scheibe angelegt – also zweidimensional. Du kannst jeder grafischen Form einen 3D-Effekt zuweisen. Dafür formatierst du die Form mit einem 3D-Schatten. Die Effekte, die du dabei erzielst, hängen sehr von der Grundform ab. Formatierst du eine Ellipse mit einem 3D-Schatten, sieht sie danach aus wie eine geschnittene Scheibe. Ein Quadrat wirkt wie ein Würfel. Die Objekte wirken dann, als ob sie im Raum schweben würden. Mit dem 3D-Schatten kannst du zusätzlich bestimmen, aus welcher Richtung das Objekt betrachtet wird.

Titelfolien

Ellipsen mit 3D-Schatten formatieren

1. Markiere die Ellipse für das **Erste Hilfe Projekt**.

2. Wähle das Symbol **3D** aus der Zeichnensymbolleiste und klicke **3D-Art 5** aus der Liste an.

4. Wähle für die mittlere Ellipse **3D-Art 1** aus.

3. Wähle für die Ellipse **Computer-Community 3D-Art 6** aus.

5. Wähle für die rechte Ellipse **3D-Art 6** aus.

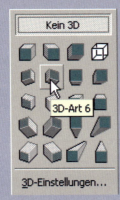

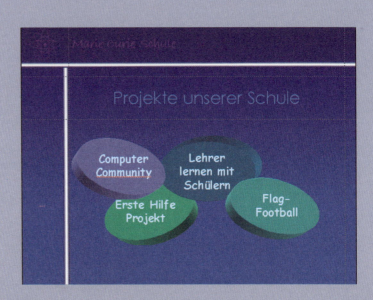

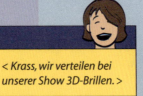

< Krass, wir verteilen bei unserer Show 3D-Brillen. >

Reihenfolge von Objekten bestimmen

Sobald du ein Objekt anlegst, wird es immer vor das zuletzt erstellte Objekt gelegt. Also ist das **Erste Hilfe Projekt** ganz hinten, dann kommt die Ellipse mit der **Computer Community**, danach die Ellipse mit **Lehrer lernen von Schülern** und ganz oben **Flag-Football**. Jede Ellipse ist also in einer anderen Ebene.

Die Reihenfolge der Ebenen kann man auch verändern. Du kannst ein Objekt auf einen Schlag ganz nach vorne oder ganz nach hinten legen. Oder auch ein Objekt nur eine Ebene nach vorne oder nach hinten bringen.

Ellipse in den Hintergrund

1. Markiere die Ellipse **Lehrer lernen mit Schülern**.

2. Wähle den Befehl **Zeichnen** – **Reihenfolge** – **In den Hintergrund** aus der Zeichnensymbolleiste.

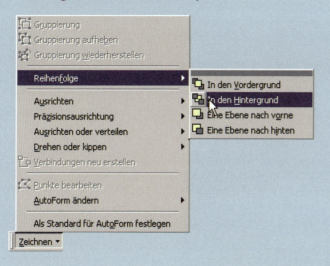

Ellipse etwas verschieben

Eventuell verdeckt jetzt eine Ellipse den Text einer anderen Ellipse. Verschiebe die Ellipse ein wenig, so dass der ganze Text zu sehen ist.

Textfeld einfügen

1. Klicke auf das Symbol aus der Zeichnensymbolleiste.

2. Ziehe rechts unterhalb der Ellipsen das Textfeld auf und tippe den Text **da kann jeder mitmachen** ein.

3. Formatiere das Textfeld in der **Schriftart** Century Gothic und in der **Schriftgröße** 28.

4. Speichere mit Klick auf .

5

Folien mit Fakten

Text und Daten präsentieren sich

5.1 Folie verwalten – alle oder eine

Um dir die Folien anzusehen, hast du in PowerPoint mehrere Ansichten zur Verfügung. Du kannst wählen, ob du alle Folien auf einmal sehen möchtest oder nur eine einzelne Folie, diese dafür aber ganz groß. Wenn du gerade am Text deiner Folien arbeitest, kannst du dir auch nur den Text deiner Folien anzeigen lassen.

Alles eine Sache der Ansicht – Folienansichten

Du kannst entweder über den Befehl **Ansicht** aus dem Menü oder mit den Symbolen links unten im Fenster zwischen den verschiedenen Ansichten wechseln.

Normalansicht
In der Normalansicht wird PowerPoint gestartet. In dieser Ansicht siehst du sowohl die ganze Folie als auch auf der linken Seite noch zusätzlich den Text aller Folien.

> **Info:** Grafiken und Textfelder werden in der Gliederungsansicht nicht mit aufgeführt.

In die Normalansicht wechselst du über **Ansicht** – **Normal** oder über das Symbol.

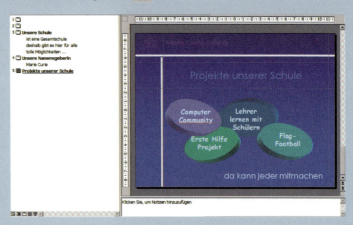

Gliederungsansicht

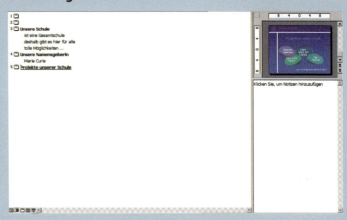

In der Gliederungsansicht siehst du den kompletten Text aller Folien. In die Gliederungsansicht wechselst du mit dem Symbol.

Folien mit Fakten

Folienansicht

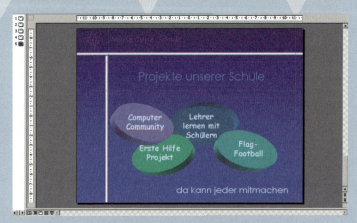

In der Folienansicht siehst du jeweils eine komplette Folie. In die Folienansicht wechselst du über das Symbol ▢ . Die Foliensortierung benutzt du immer dann, wenn du die Übersicht über alle Folien brauchst, zum Beispiel beim Löschen, Kopieren oder Verschieben.

Foliensortierungsansicht

In der Foliensortierungsansicht siehst du alle Folien auf einen Schlag. In die Foliensortierungsansicht wechselst du über **Ansicht** – **Foliensortierung** oder über das Symbol ▦ .

Folien tauschen – einfach hin und her

Wenn du eine Folie einfügst, wird sie immer hinter der aktuellen Folie eingefügt. Deshalb sind die drei Titelfolien jetzt hinter der Abschlussfolie. Du kannst die Folien in ihrer Reihenfolge verändern. Dazu verschiebst du sie im Foliensortierer.

Titelfolie verschieben

1. Wechsle über das Symbol ▦ in die Foliensortierungsansicht.

2. Klicke auf die Abschlussfolie und ziehe sie hinter die Folie über die Projekte. Damit du weißt, wo die Folie hinkommt, siehst du einen langen schwarzen Strich.

> **Info** Wenn du eine Folie an das Ende einer Reihe in der Foliensortierung stellst, zeigt sich der schwarze Strich in der nächsten Zeile.

Von einer Folie zur nächsten gelangen

In der Normalansicht und in der Folienansicht siehst du immer nur eine Folie. Welche Folie du gerade siehst, kannst du in der Statuszeile ablesen.

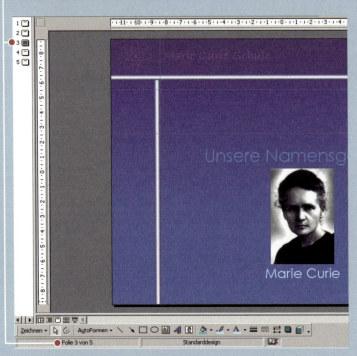

Folie aussuchen

Auf der linken Seite des Bildschirmes hast du einen kleinen Bereich, in dem für jede Folie ein kleines weißes Kästchen mit einer Nummer davor ist. Du kannst zu einer bestimmten Folie springen, indem du auf das jeweilige Kästchen klickst.

Damit du weißt, was für eine Folie sich hinter der Zahl verbirgt, gibt es eine kleine gelbe Quickinfo mit dem Titel.

< Als Nächstes machen wir die Folie über uns Schüler und Schülerinnen. >

< Wer wir sind, können wir ja selber zusammenstellen. Ich habe da schon eine Idee. Lasst uns aufzeigen, welch eine bunte Mischung an Schülerinnen und Schülern unsere Schule besucht. >

Folien mit Fakten

5.2 Textfolie einfügen – die quetscht sich dazwischen

Du hast unter den Folienlayouts keine reine Textfolie zur Auswahl. PowerPoint bietet dir nur Aufzählungs-Folien für Text an. Im Folienmaster hast du praktischer Weise deshalb die Aufzählung aus der Vorlage entfernt. So kannst du nun die Aufzählungsfolie für reinen Text benutzen.

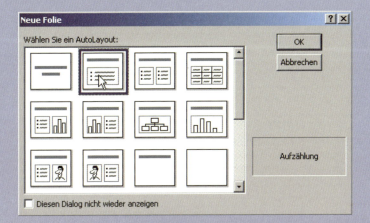

Aufzählungsfolie einfügen

1. Wechsle in den Foliensortierer.

2. Klicke hinter die Titelfolie **Unsere Schule**. Ein langer Cursor erscheint.

3. Klicke auf das Symbol **Neue Folie** aus der Standardsymbolleiste.

4. Wähle das Folienlayout **Aufzählung**.

Du erhältst eine neue Folie hinter der Titelfolie **Unsere Schule**.

In der Foliensortierungsansicht kannst du nicht schreiben, hier hast du nur einen Überblick über alle Folien. Um auf den Folien etwas einzufügen, wechselst du in die Folienansicht.

Titel eintippen

1. Du klickst doppelt auf die neue Folie, um in die Folienansicht zu wechseln.

2. Klicke in den Platzhalter für den Titel.

3. Tippe **Schüler & Schülerinnen** ein.

Du kannst den Text über die Schüler und Schülerinnen einfach eingeben.

Text eingeben

1. Klicke in den Platzhalter für den Text.

2. Tippe den Text **Wir sind multikulti:** ein.

3. Erzeuge eine neue Zeile mit der **Enter-Taste** ⏎.

4. Gib den Text **denn unsere Eltern kommen aus 12 verschiedenen Ländern** ein. Wechsle, nachdem du **12** getippt hast, in eine neue Zeile.

5. Tippe den Rest des Textes ab. Wechsle jeweils nur nach **Ländern**, nach **Sprachen**, nach **Kursgemeinschaften** und nach **Abitur** in eine neue Zeile mit der **Enter-Taste** ⏎.

< Den Text finde ich echt gut gelungen. Da fühlen sich die Austauschschüler gleich zu Hause. >

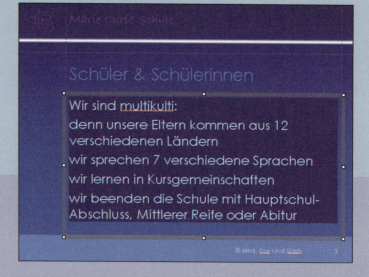

< So, jetzt lassen wir etwas Abstand vom Text und schreiben noch, dass wir eine bunte Mischung sind. >

Folien mit Fakten

Zauberhafte Textgrößenanpassung

Text eingeben

1. Erzeuge zwei Leerzeilen am Textende mit der **Enter-Taste** ⏎.

< Hey, magic! >

2. Tippe den Text **also alles eine gute Mischung!** ein.

Genau in dem Augenblick, in dem du den ersten Buchstaben tippst, wird die Schriftgröße so angepasst, dass der Text in das Textfeld passt.

< Das geht aber nicht. Der Text reicht ja in den hellblauen Rand rein und fast aus der Folie. >

< Ball flach halten! Fange an zu schreiben und du wirst sehen. >

< Auf zur nächsten Folie. >

5.3 Folie mit Tabelle – ganz listig

Die Daten über Marie Curie schreibst du am besten in eine Tabelle. Dann kannst du eine Spalte verwenden, um die Jahreszahlen einzutragen und eine Spalte für die Beschreibungen.

Es gibt auch hierfür ein Folienlayout, welches schon einen Platzhalter für eine Tabelle enthält.

Folie mit Tabelle einfügen

1. Gehe in die Foliensortierung und stelle den Cursor hinter die vierte Folie **Unsere Namensgeberin**.

2. Klicke auf das Symbol **Neue Folie** aus der Standardsymbolleiste.

3. Wähle das Folienlayout **Tabelle**.

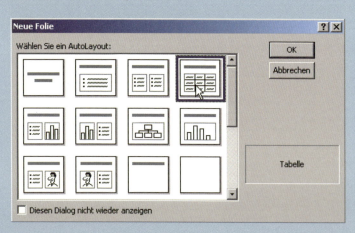

Titel eingeben

1. Klicke in das Feld für den Titel.

2. Tippe die Überschrift **Daten** ein.

Tabelle anlegen

1. Klicke doppelt in den Platzhalter für die Tabelle.

2. Du erhältst ein Fenster, in dem du die Anzahl der Zeilen und Spalten angeben kannst.

3. Erhöhe die **Zeilenanzahl** auf **sechs**.

4. Bestätige mit OK.

Folien mit Fakten

Mit dem Stift könntest du die Tabelle zeichnen. Das brauchst du aber nicht, da die Tabelle ja schon fertig ist.

Stift ausschalten
Du kannst den Stift ausschalten, indem du auf das Symbol **Tabelle zeichnen** in der Symbolleiste **Tabellen und Rahmen** klickst. Diese Symbolleiste hat sich automatisch eingeblendet.

> **Info**
> Die Symbolleiste **Tabellen und Rahmen** erscheint nur, wenn du in die Tabelle klickst. Ist die Symbolleiste auch bei aktivierter Tabelle nicht zu sehen, kannst du sie über **Ansicht** – **Symbolleisten** – **Tabellen und Rahmen** einblenden.

Tabelle in Form – das passt

Die Tabelle kannst du natürlich noch etwas anpassen. Du kannst die Spaltenbreiten verändern, die Linien verändern und natürlich Text reinschreiben.
Die Jahreszahlen, die du in die Spalte eintragen möchtest, sind viel kleiner als der jeweilige Text dazu. Die erste Spalte braucht also nicht so breit zu sein.

Spaltenbreite anpassen
1. Zeige mit dem Mauszeiger auf die mittlere senkrechte Linie. Der Mauszeiger wird dann zu einem Pfeil mit zwei Spitzen.

2. Ziehe den Mauszeiger ein ganzes Stück nach links, um die Spalte zu verkleinern.

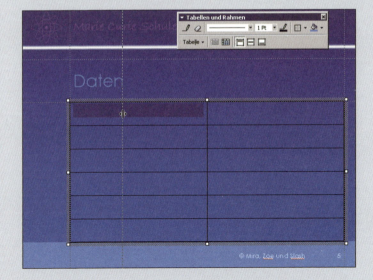

In einer Tabelle hast du für alles, was du eintragen möchtest, eine Zelle zur Verfügung. Eine Zelle ist jeweils ein Kästchen. Du brauchst diese Zellen nur anzuklicken und loszuschreiben.

Tabelle mit Text füllen
1. Klicke in die erste Zelle.

2. Tippe die Jahreszahl **1867**.

3. Klicke in die Zelle rechts daneben.

4. Tippe **geboren am 7. November**.

5. Gib den restlichen Text ein.

In einer Tabelle kannst du die Zellen so formatieren, dass der Text jeweils in der Mitte der Zellenhöhe steht.

Text vertikal zentrieren
1. Markiere die gesamte Tabelle. Klicke dazu auf den gestrichelten Rand der Tabelle.

2. Klicke in der Symbolleiste Tabellen und Rahmen auf das Symbol **Vertikal zentrieren**.

< *Ich finde, die Linien der Tabelle stören. Das zerstört unser Design.* >

Folien mit Fakten

Wenn du eine Tabelle einfügst, bekommt die Tabelle automatisch Linien. Diese Linien kannst du wieder entfernen.

Tabellenlinien entfernen

1. Markiere die gesamte Tabelle.

2. Klicke auf das kleine Dreieck neben dem Symbol **Rahmenlinie** 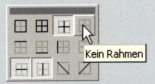 aus der Symbolleiste Tabellen und Rahmen.

3. Wähle dort **Kein Rahmen** aus.

4. Klicke auf 💾, um dein Projekt zu speichern.

Der tabellarische Lebenslauf in Kurzform:

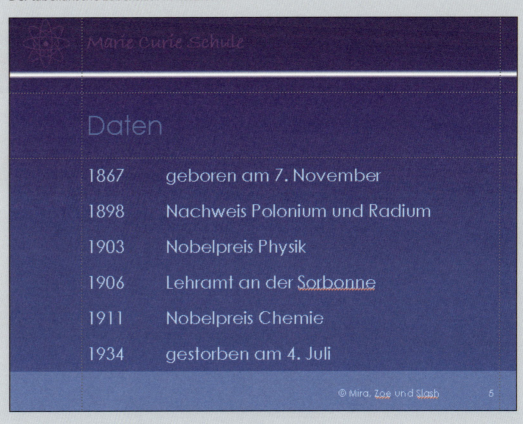

< Nach den trockenen Textfolien müssen wir jetzt noch ein bisschen was Grafisches zaubern. >

< Von wegen trocken. Nicht mehr lange und selbst der Text wird Saltos drehen. >

Inhalte optisch aufpeppen

Verbindungslinien und Diagramme erstellen

6.1 Folie zur freien Gestaltung anlegen

Wie bereits die Schulprojekte, so sollen auch die Orte, aus denen die Schüler und Schülerinnen der Marie Curie Schule kommen, in Ellipsen dargestellt werden. Diesmal sollen die Ellipsen mit Linien verbunden werden. Du brauchst insgesamt sieben Ellipsen, in die die Orte eingetragen werden. Diesmal machst du die Ellipsen unterschiedlich groß – der Ort, aus dem die meisten Schüler/innen kommen, bekommt die größte und der Ort, aus dem die wenigsten Schüler und Schülerinnen kommen, die kleinste Ellipse.

Für die Darstellung der Orte brauchst du eine Folie, auf der du genügend Platz hast, um die Ellipsen anzulegen. Deshalb verwendest du das Folienlayout, das nur ein Titelfeld vorgibt.

Neue Folie anlegen

1. Wähle die Folie **Schüler & Schülerinnen**.

2. Klicke auf das Symbol **Neue Folie** aus der Standardsymbolleiste.

3. Wähle das Folienlayout **Nur Titel**.

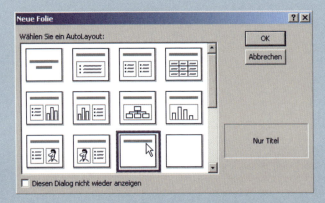

Du erhältst eine Folie, in die du nur einen Titel eintragen kannst. Der Rest der Folie ist leer.

Titel eingeben
Trage als Überschrift den Titel **Da kommen wir her** ein.

Inhalte optisch aufpeppen

Ellipse zeichnen

1. Wähle das Symbol **Ellipse** aus der Zeichnensymbolleiste und ziehe eine Ellipse auf.

2. Wähle das Blau der Titeltextfarbe als **Füllfarbe** für die Ellipse.

3. Entferne die Linie um die Ellipse.

4. Tippe das Wort **Mainz** in die Ellipse.

5. Klicke auf den Begrenzungsrahmen der Ellipse. Damit ist sie markiert. Anschließend kannst du die Schriftfarbe und Schriftart verändern.
Der Rand wird eine gepunktete Linie.

6. Wähle die **Schriftart** **Comic Sans MS** und die **Schriftgröße** **40**.

7. Wähle die **Schriftfarbe** **Lila** wie schon für das Logo.

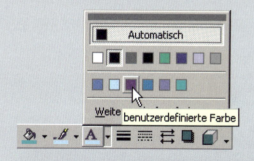

Ellipse kopieren

1. Markiere die Ellipse **Mainz**.

2. Ziehe mit gedrückter **Strg-Taste**  die Ellipse etwas nach rechts unten, um sie zu kopieren.

3. Lasse zuerst die Maustaste, dann die **Strg-Taste**  los.

4. Ersetze **Mainz** durch **Hechtsheim** und verkleinere die **Schriftgröße** auf **24**.

5. Verkleinere die Ellipse ein wenig.

> **Info:** Die Orte kannst du schneller überschreiben, wenn du doppelt in den Text klickst. Dann ist dieser markiert und du kannst direkt den neuen Ortsnamen eingeben.

< Du kannst die Schrift formatieren, wenn du auf den rechteckigen Rand klickst oder die Buchstaben markierst. >

< Das mit der Größe ist klasse, da sieht man gleich, wo die meisten herkommen. >

Alle Ellipsen kopieren und formatieren

Kopiere alle Ellipsen für die Orte an ihre entsprechende Stelle. Passe alle Ellipsen in der Größe an und formatiere sie folgendermaßen:

Nieder-Olm änderst du in die **Schriftgröße** **20**
Stadecken änderst du in die **Schriftgröße** **16**
Saulheim änderst du in die **Schriftgröße** **16**
Bodenheim änderst du in die **Schriftgröße** **20**

6.2 Straßen bauen – Objekte verbinden

Die Ortschaften brauchen jetzt noch Straßen. Du kannst hierfür Verbindungslinien verwenden.

Verbindungslinie erzeugen

1. Klicke auf die Schaltfläche **AutoFormen** aus der Zeichnensymbolleiste und wähle **Verbindungen** – **Gerade Verbindung**.

2. Bewege den Mauszeiger auf die Ellipse **Mainz**.

Du erhältst acht Punkte, an denen du mit der Verbindungslinie ansetzen kannst.

3. Klicke auf den rechten Verbindungspunkt.

4. Bewege den Mauszeiger auf die Ellipse **Hechtsheim**. Auch hier siehst du acht Verbindungspunkte.

5. Klicke auf den oberen Verbindungspunkt.

Verbindungslinien anlegen

Erzeuge die Verbindungslinien zwischen:
Hechtsheim – Bodenheim,
Mainz – Nieder-Olm,
Nieder-Olm – Stadecken,
Nieder-Olm – Saulheim.
Die Verbindungslinien musst du immer wieder über **AutoFormen** holen.

Alle auf einmal

Sind die Objekte, die du markieren möchtest, auf der Folie verstreut und auch noch andere Objekte dazwischen, kannst du die Objekte nacheinander markieren. Das geht, indem du die ganze Zeit die **Shift-Taste** ⇧ gedrückt hältst.

Farbe der Verbindungslinien ändern

1. Klicke die erste Verbindungslinie an.

2. Halte die **Shift-Taste** ⇧ gedrückt und klicke alle anderen Verbindungslinien an.

3. Wähle die Farbe des Titeltextes als **Linienfarbe**.

Neue Ellipse erzeugen

1. Kopiere die Ellipse **Nieder-Olm** nach links oben.

2. Korrigiere den Text in **Budenheim**.

3. Füge eine Verbindungslinie zwischen der Ellipse **Mainz** und der Ellipse **Budenheim** ein.

4. Formatiere die Verbindungslinie in der Linienfarbe wie die anderen Verbindungslinien.

< *Ich habe noch mal mit dem Schuljahresbericht verglichen, wir haben einen Ort vergessen. Links oben fehlt Budenheim.* >

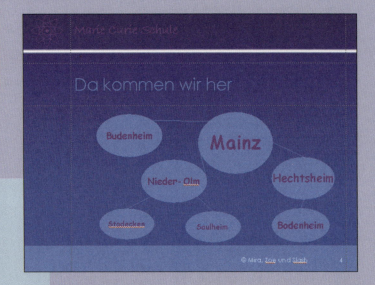

Ellipse verschieben

1. Markiere die Ellipse für **Nieder-Olm**.

2. Ziehe die Ellipse etwas nach rechts unten.

3. Ziehe die Ellipsen für **Stadecken** und **Saulheim** auch etwas nach rechts unten.

< *Nichts ist unmöglich – PowerPoint!* >

< *Voll fett! Schaut mal, die Verbindungslinien gehen mit, wenn du die Ellipse verschiebst.* >

6.3 Folie mit Diagrammen – jetzt wird's bunt

Wenn du viele Zahlen in einer Tabelle betrachtest, kannst du oft nicht sofort erkennen, welche groß und welche klein sind. Da musst du schon ganz genau hinschauen. Mit Hilfe eines Diagrammes wird der Vergleich viel eindeutiger.

< *Lasst uns darstellen, wie viele Schülerinnen und Schüler in den einzelnen Jahrgangsstufen sind.* >

In PowerPoint gibt es extra ein Folienlayout, welches dir beim Erstellen eines Diagrammes hilft.

< *Gute Idee. Wir teilen die Jahrgangsstufen in 5. bis 6. Klasse, 7. bis 10. Klasse und 11. bis 13. Klasse ein.* >

< *Können wir diese Zahlen nicht in einem Diagramm darstellen? Wie bei Wahlergebnissen im Fernsehen?* >

Neue Folie für Diagramm anlegen

1. Klicke auf das Symbol **Neue Folie**  aus der Standardsymbolleiste.

2. Wähle das Folienlayout **Diagramm**.

3. Tippe als Titel **So viele sind wir** ein.

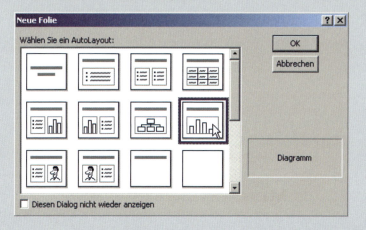

4. Klicke doppelt in den Platzhalter für das Diagramm.

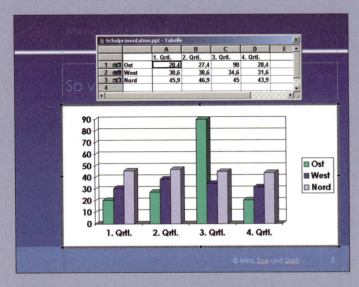

Diagramm erstellen – tragende Säulen

Es wird automatisch das Programm **Microsoft Graph** gestartet. Es ist auch schon ein Diagramm vorbereitet. Diagramme werden auch gerne in der Geschäftswelt verwendet. Deshalb ist die Vorgabe für das Diagramm für Quartale angelegt, Qrtl ist die Abkürzung.

Das Programm **Microsoft Graph** bringt seine eigenen Symbole mit. Deshalb hast du in der Standardsymbolleiste jetzt geänderte Symbole.

< *Sobald du das Programm verlässt, hast du wieder die normalen Symbole.* >

< *Das ist ja voll heftig. Zacko, schon ist alles da.* >

Damit Microsoft Graph ein Diagramm erzeugen kann, braucht es Zahlen. Diese Zahlen kannst du in die kleine vorgegebene Tabelle eingeben.

Diagramminhalt anpassen

Du kannst auch Diagramme erzeugen, die mehr oder weniger Zahlen enthalten. Dazu kannst du Zeilen oder Spalten löschen, aber auch hinzufügen.

Für das Diagramm über die Jahrgangsschüleranzahl brauchst du nur drei Zahlen. Diese Zahlen kannst du in eine Zeile schreiben. Du brauchst also die Zeile **West** und **Nord** aus der Tabelle nicht mehr. Da du nur drei Zahlen hast, benötigst du auch die Spalte für das vierte Quartal nicht mehr.

Zahlen aus der Tabelle löschen

1. Markiere die Zeilennummer **2** und **3**. Klicke dazu auf die graue Beschriftung **2**, halte die Maustaste gedrückt und ziehe runter nach **3**. Dadurch werden beide Zeilen markiert.

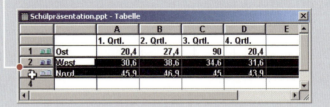

Inhalte optisch aufpeppen

2. Drücke die **Entf-Taste** [Entf]. Alle Zahlen und die Überschriften werden gelöscht und die Säulen werden automatisch aus dem Diagramm entfernt.

3. Markiere die Spalte für das vierte Quartal. Klicke dazu in den grauen Spaltenkopf auf die Spalte **D**.

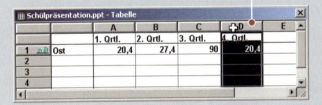

4. Drücke auf die **Enft-Taste** [Entf].

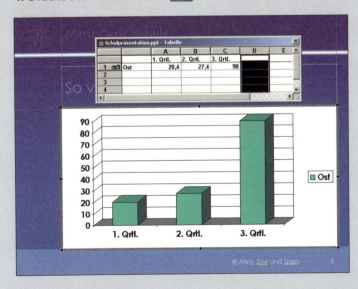

Das vierte Quartal wird aus dem Diagramm entfernt.

In die Tabelle kannst du auch gleich die Beschriftungen für die Zahlenreihen mit eintragen. Sie werden automatisch mit in das Diagramm übernommen.

Die Überschriften **1.** bis **3. Quartal** und **Ost** kannst du jetzt einfach überschreiben.

Überschriften anpassen

1. Klicke auf die Überschrift **1. Qrtl**.

2. Tippe den Text **5.-6. Klasse** ein und bestätige mit der **Enter-Taste** [↵].

3. Klicke auf die Überschrift **2. Qrtl**.

Schülpräsentation.ppt - Tabelle					
		A	B	C	D	E
		5.-6. Klasse	7.-10. Klas	11.-13. Klasse		
1	Anzahl	20,4	27,4	90		
2						
3						
4						

4. Gib **7.-10. Klasse** ein und bestätige wieder mit der **Enter-Taste** [↵].

5. Überschreibe **3. Qrtl.** mit **11.-13. Klasse** und drücke noch mal auf die **Enter-Taste** [↵].

6. Ändere **Ost** in **Anzahl** und bestätige ebenfalls mit der **Enter-Taste** [↵].

Der Text, den du als Überschriften eingetragen hast, ist größer als vorher. Du kannst die Spaltenbreite mit einem einfachen, kleinen Trick automatisch anpassen.

Spaltenbreite automatisch anpassen
1. Zeige mit dem Mauszeiger zwischen den Spaltenköpfen **A** und **B** auf den Strich und klicke doppelt.

2. Passe so auch die anderen beiden Spaltenbreiten an.

Die Zahlen, die das Programm vorgibt, kannst du auch einfach überschreiben.

Richtige Zahlen eingeben
1. Klicke in die Zelle **A1** und gib den Wert **180** ein. Bestätige die Eingabe.

2. Überschreibe die Zahl in Zelle **B1** mit **290** und die Zahl in Zelle **C1** mit dem Wert **80**.

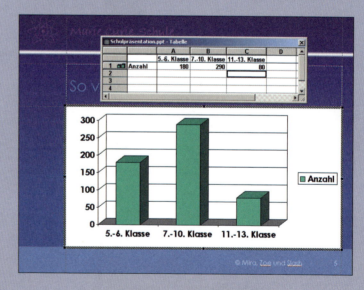

< Hey, das Diagramm passt sich ja sofort an. >

< Hast du das gesehen, die Säulen sind richtig gehüpft. Wenn du eine Zahl eingibst. >

Nichts muss bleiben, wie es ist – Diagramme verändern

Es gibt viele Möglichkeiten, die Zahlen grafisch darzustellen. Du kannst ein Säulendiagramm machen, so wie es standardmäßig vorgegeben ist. Um die Verteilung der Schüler und Schülerinnen nach Jahrgangsstufen darzustellen, nimmst du am besten ein Kreisdiagramm.

Ein Kreisdiagramm sieht aus wie ein Kuchen, der in unterschiedlich große Stücke aufgeteilt ist. Der Kuchen ist das Ganze, in diesem Fall alle Schüler und Schülerinnen der Schule. Je größer ein Stück, desto mehr Schüler und Schülerinnen sind in diesen Klassen. Du brauchst nicht selber auszutüfteln, wie groß die einzelnen Stücke sein müssen. Das Programm rechnet das für dich aus.

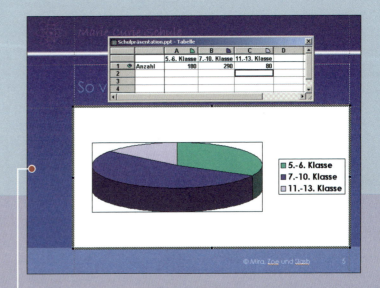

Um die Folien weiter zu bearbeiten, musst du das Programm **Microsoft Graph** verlassen.

Kreisdiagramm erzeugen

1. Klicke auf das Symbol **Weitere Schaltflächen** in der Standardsymbolleiste, um die restlichen Symbole zu sehen.

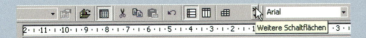

2. Klicke auf den Pfeil des Symbols **Diagrammtyp** aus der Standardsymbolleiste in dem Programm **Microsoft Graph**.

3. Du erhältst eine Liste der gängigsten Diagrammtypen.

4. Wähle den Diagrammtyp **3D-Kreisdiagramm**.

Rückkehr zur eigentlichen Folie

Klicke irgendwo außerhalb der Tabelle und des Diagramms auf die Folie.

Diagramm nachbearbeiten – alles nur für's Aussehen

Nachdem du das Programm **Microsoft Graph** verlassen hast, kommst du sofort wieder zu deiner Folie zurück. Der weiße Kasten ist nun weg, er war nur als Arbeitsfläche für die Diagrammbearbeitung da.

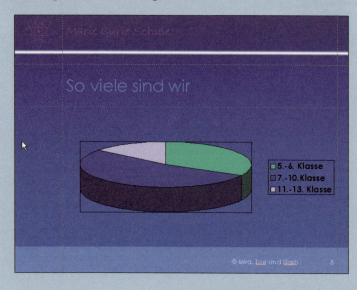

Möchtest du den Rahmen um das Kreisdiagramm entfernen, brauchst du wieder das Programm **Microsoft Graph**.

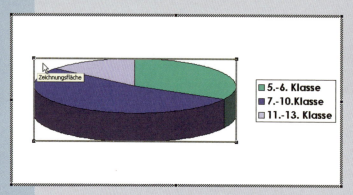

Rahmen entfernen

1. Klicke doppelt auf das Diagramm.

2. Klicke in die Ecke des schwarzen Rahmens um das Kreisdiagramm. Warte, bis eine Quickinfo mit dem Text `Zeichnungsfläche` erscheint.

3. Wähle aus dem Menü **Format – Markierte Zeichnungsfläche**.

4. Wähle unter **Rahmen** die Option **Keinen**.

5. Bestätige mit `OK`.

6. Klicke irgendwo auf die weiße Fläche des Diagramms, um die Markierung der Zeichnungsfläche aufzuheben.

< *Klar, damit ich sehe, ob der Rahmen weg ist.* >

Inhalte optisch aufpeppen

Da du auf der Folie die Tabelle nicht mehr siehst, kannst du die exakte Anzahl der Schüler und Schülerinnen nirgends mehr ablesen. Du kannst die Zahlen aber als Beschriftung an die Diagrammteile schreiben lassen.

Beschriftung einfügen
1. Wähle im Menü **Diagramm** den Befehl **Diagrammoptionen**.

2. Wähle die Registerkarte **Datenbeschriftungen**.

3. Wähle die Option **Wert anzeigen**.

4. Bestätige mit OK.

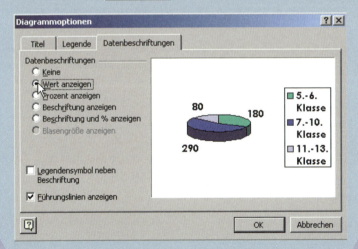

Schriftfarbe ändern
1. Markiere das gesamte Diagramm, indem du auf die weiße Hintergrundfläche des Diagrammes klickst.

2. Wähle im Menü **Format** den Befehl **Markierte Diagrammfläche** und dort die Registerkarte **Schrift**.

3. Wähle als **Schriftfarbe** Blassblau.

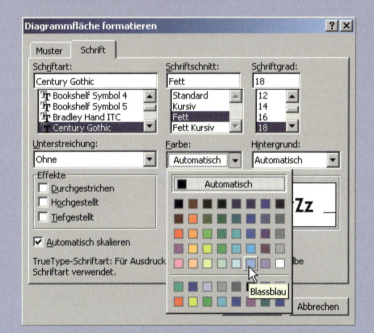

4. Bestätige mit OK.

Damit du weißt, welche Farbe welcher Klassenstufe zugeordnet ist, gibt es die **Legende** als Erklärung.

Legende anordnen
1. Wähle aus dem Menü **Diagramm** – **Diagrammoptionen**.

2. Wähle die Registerkarte **Legende**.

3. Wähle unter **Platzierung** die Option **Links**.

4. Bestätige mit OK.

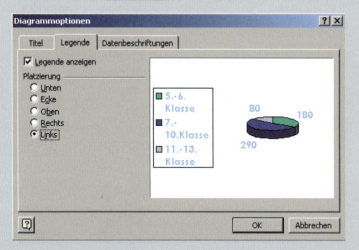

Info Du kannst das Diagramm nur bearbeiten, wenn du das Programm **Microsoft Graph** mit einem Doppelklick auf das Diagramm gestartet hast.

Linienfarbe der Legende ändern
1. Markiere die Legende, indem du sie anklickst.

2. Wähle im Menü **Format** den Befehl **Markierte Legende** und dort die Registerkarte **Muster**.

3. Klicke auf den kleinen Pfeil ▼ neben dem Feld **Farbe:**.

4. Wähle als **Rahmenfarbe Blassblau**.

5. Bestätige mit OK.

Möchtest du die Folie weiter bearbeiten, verlässt du das Programm **Microsoft Graph** wieder, indem du irgendwo außerhalb des Diagramms klickst.

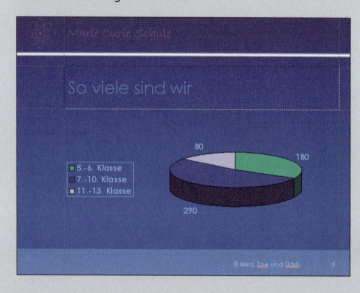

Inhalte optisch aufpeppen

Speichern
Sichere zwischendurch das Dokument mit Klick auf 🖫 .

Das ist dein aktuelles Ergebnis:

1

2

3

4

5

6

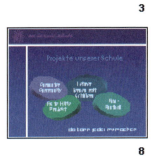
7

8

9

< Im nächsten Kapitel legen wir dann mit ClipArts los. >

7

Folien polieren

Mit Ideen glänzen und mit Technik blenden

7.1 ClipArts als Foliendeko – da steckt mehr drin

In die Folien über die Schulprojekte kannst du ClipArts einfügen. Das sind fertige Bilder, die dir zur Verfügung stehen. Dadurch werden die Folien bunter und ansprechender. Verwende aber nicht zu viele ClipArts, das lenkt vom Text ab. Am besten nur eine passende Grafik zu einem Text. Wichtig ist vor allem, dass die Grafik die Aussage des Textes unterstützt.

Du hast zwei Folienlayouts zur Verfügung, auf denen Platzhalter für ClipArts vorgegeben sind.

Folie mit ClipArt einfügen

1. Als Letztes hast du die Folie **So viele sind wir** bearbeitet. Wechsle mit der **Bild-nach-unten-Taste** [Bild↓] zu der Titelfolie **Projekte unserer Schule**.

2. Klicke auf das Symbol **Neue Folie** aus der Standardsymbolleiste.

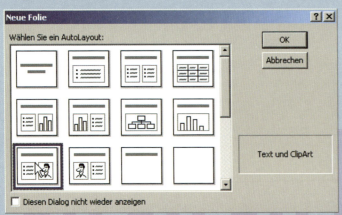

3. Wähle das Folienlayout **Text und ClipArt** aus.

4. Klicke anschließend auf OK.

5. Trage als Titel **Computer-Community** ein.

Folien polieren

ClipArt aus der Microsoft Clip Gallery

Auch um ein ClipArt zu benutzen, gibt es ein eigenes, kleines Programm. Dieses Programm heißt **Microsoft Clip Gallery**. Die Clips sind nach Themengebieten, so genannten Kategorien sortiert, damit du überhaupt etwas finden kannst.

Computer-ClipArt einfügen

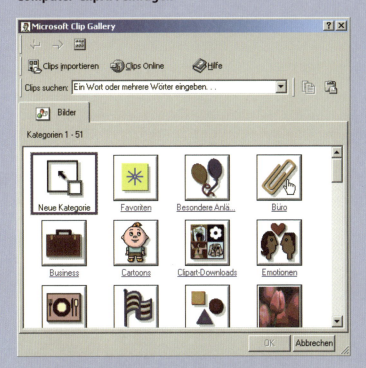

1. Klicke doppelt auf den Platzhalter für das ClipArt. Das Programm **Microsoft Clip Gallery** wird gestartet.

2. Wähle die Kategorie **Büro** durch Anklicken aus.

3. Klicke auf das ClipArt mit dem Computer und anschließend auf das Symbol **Clip einfügen**.

ClipArt verkleinern
1. Markiere den Computer durch Anklicken.

2. Zeige auf den linken oberen Anfasserpunkt des ClipArts und ziehe ihn etwas kleiner.

ClipArt verschieben
1. Markiere den Computer.

2. Ziehe ihn etwa mittig an die äußere Führungslinie.

Textfeld anpassen
1. Markiere den Platzhalter für den Text.

2. Vergrößere das Textfeld nach rechts bis kurz vor das ClipArt.

Aufzählungen – kurze Infos übersichtlich

In den Textkasten kannst du, wie bei allen anderen Folien auch, deinen Text eingeben.

Für die Computer-Community sind Aufzählungszeichen vorgesehen. Auf dem Folienmaster hast du die Aufzählungspunkte für die erste Ebene rausgenommen. Für die zweite Ebene hast du sie drin gelassen. Jetzt verwendest du diese Aufzählungspunkte.

Text eingeben
1. Klicke in das Textfeld.

2. Tippe den Text **Wir treffen uns im Computer-Raum der Schule und dort:** ein. Schreibe in einem Zug durch. PowerPoint beginnt wie gewohnt von alleine eine neue Zeile.

Für die weiteren Zeilen brauchst du eine Aufzählung.

Aufzählungspunkte zweiter Ebene erzeugen
1. Erzeuge eine neue Zeile.

2. Klicke das Symbol **Aufzählungszeichen** aus der Formatsymbolleiste an.

3. Drücke auf die **Tab-Taste**, um die Aufzählung ein wenig einzurücken.

Die Aufzählung wird automatisch eingerückt und bekommt einen Strich als Aufzählungszeichen.

< *Das kommt, weil du die Aufzählung zweiter Ebene verwendest.* >

4. Tippe den ersten Aufzählungstext **sind wir gemeinsam im Netz**.

Restlichen Text eingeben
1. Erzeuge mit der **Enter-Taste** eine neue Zeile.

2. Tippe den Text **kannst du einen Surf-Check machen**.

3. Wechsle in eine neue Zeile und tippe den Text **hast du die Möglichkeit zu fragen oder selber gute Tipps weiter zu geben …** .

< *Voll krass, die Schrift ist auch automatisch kleiner geworden.* >

Mehr Folien mit Grafik

Die Folie über Flag-Football bekommt die gleiche Struktur. Rechts ist eine Grafik und links ist Text. Der Text über Flag-Football enthält allerdings diesmal keine Aufzählung.

Folie einfügen

1. Klicke auf das Symbol **Neue Folie** aus der Standardsymbolleiste.

2. Wähle wieder das Folienlayout **Text und ClipArt**.

Grafik einfügen

1. Klicke doppelt auf den Platzhalter für das ClipArt.

2. Wähle die Kategorie **Sport und Freizeit** und dort den **Footballspieler** aus der dritten Reihe.

3. Verkleinere das ClipArt etwas und ziehe die Grafik an die äußere Führungslinie.

Text eingeben

1. Gib als Titel **Flag-Football** ein.

2. Vergrößere den Textkasten etwas nach rechts bis an die Grafik.

3. Tippe den Text entsprechend der Vorlage ab.

< So eine Grafik macht echt was her. Aber kann ich nicht vielleicht doch noch mehr mit so einer Grafik machen? >

7.2 ClipArts verändern – ganz individuell

Grafiken, die du aus der Clip Gallery einfügst, kannst du auch noch ein wenig nachbearbeiten.

Folie mit ClipArts einfügen

1. Füge eine Folie mit dem Layout **Text und ClipArt** ein.

2. Fülle den Platzhalter für das ClipArt mit der Grafik **Tätigkeiten** aus der Kategorie **Business**.

Grafik nach deinem Geschmack

Wenn du eine Grafik an einer der vier Ecken größer oder kleiner ziehst, bleibt die Form der Grafik erhalten. Sie wird also proportional vergrößert oder verkleinert. Ziehst du die Grafik an einem Anfasserpunkt an den Seiten, wird die Grafik in die Länge oder in die Breite gezogen.

Grafik verzerren

1. Vergrößere die Grafik etwas in der Höhe, indem du am oberen Anfasserpunkt ziehst.

2. Verkleinere die Grafik etwas in der Breite, indem du an dem linken Anfasserpunkt nach rechts ziehst.

< Dann wird die Grafik dicker oder auch dünner. >

ClipArts werden wässrig

Sobald du auf die Grafik klickst, erscheint die Grafiksymbolleiste.

Mit dieser Symbolleiste kannst du die Grafik noch weiter bearbeiten.

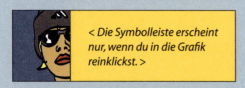

< Die Symbolleiste erscheint nur, wenn du in die Grafik reinklickst. >

Grafik als Wasserzeichen formatieren

1. Markiere die Grafik.

2. Wähle das Symbol **Bildsteuerung** aus der Grafiksymbolleiste.

3. Wähle aus den Voreinstellungen **Wasserzeichen**.

Auf der Folie fehlt jetzt noch der Titel und der vorbereitete Text.

Folie fertigstellen

1. Gib als Titel **Lehrer lernen mit Schülern** ein.

2. Vergrößere den Textkasten etwas nach rechts bis an die Grafik.

3. Tippe den Text entsprechend der Vorlage ab.

Eine alte Geschichte, doch du solltest immer mal wieder zwischenspeichern.

Speichern

Klicke auf .

7.3 AutoFormen sind keine Fahrzeuge

Was sind AutoFormen?

An ClipArts gibt es eine ganze Menge Auswahl. Manchmal brauchst du aber kein aufwändiges Bild, sondern einfach nur eine Form, wie ein Dreieck, Kreuz oder Pfeil.

Für die Folie über das Erste Hilfe Projekt kannst du ein rotes Kreuz gut gebrauchen. Ein Kreuz findest du bei den AutoFormen unter den Standardformen.

Folie für Erste Hilfe Projekt einfügen und vorbereiten

1. Füge eine Folie mit dem Folienlayout **Aufzählung** ein.

2. Tippe als Titel **Erste Hilfe Projekt** ein.

3. Gib den Text über das Erste Hilfe Projekt ein.

4. Verkleinere den Textkasten rechts ein wenig, damit Platz für das rote Kreuz entsteht.

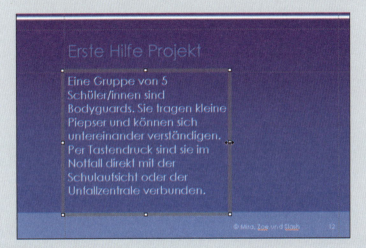

Kreuz über AutoFormen einfügen

1. Klicke auf AutoFormen ▾ aus der Zeichensymbolleiste.

2. Wähle über **Standardformen** die Form **Kreuz**.

3. Ziehe das Kreuz auf der rechten Seite der Folie auf. Halte dabei die **Shift-Taste** gedrückt, damit die Seiten des Kreuzes gleich lang werden.

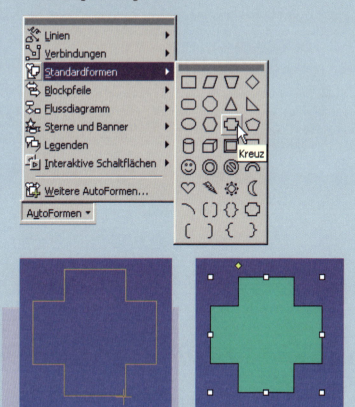

Farbe des Kreuzes anpassen

1. Markiere das Kreuz.

2. Klicke auf den Pfeil des Symbols **Füllfarbe** aus der Zeichnensymbolleiste. Wähle über Weitere Füllfarben… die Farbe **Rot**.

< PowerPoint ist wohl farbenblind, das Kreuz muss rot sein. Den schwarzen Rand mache ich auch gleich weg. >

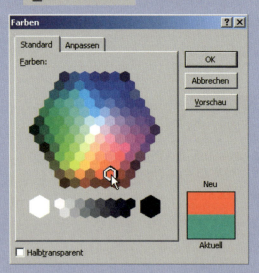

3. Entferne die schwarze Linie um das Kreuz, indem du auf den Pfeil des Symbols **Linienfarbe** klickst und dort **Keine Linie** wählst.

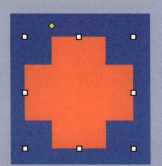

Formkorrektur – bis das Ansehen stimmt

Fast alle AutoFormen haben eine kleine gelbe Raute , wenn die AutoForm markiert ist. Diese Raute heißt **Korrekturpunkt**. Ziehst du an dieser gelben Raute, kannst du die Grundform bzw. das Erscheinungsbild dieser AutoForm verändern.

< Beim Ziehen an diesem Korrekturpunkt wird nicht die Größe geändert. Dafür gibt es ja die weißen Anfasserpunkte. >

Enden des Kreuzes anpassen

1. Markiere das Kreuz.

2. Ziehe den gelben Korrekturpunkt etwas nach rechts unten.

Folien polieren

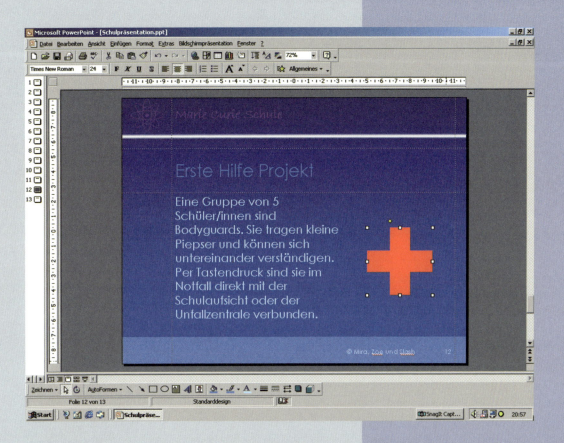

Datei speichern

Klicke auf das Symbol **Speichern** 💾 aus der Standardsymbolleiste.

< Ich speichere mal schnell, bevor uns unser tolles Werk noch verloren geht. >

7.4 Bildschirmpräsentation – fliegende Folien

In PowerPoint hast du die Möglichkeit, die Folien selbstständig auf dem Bildschirm oder im Großformat über einen Projektor ablaufen zu lassen.

Das kannst du nutzen, wenn du einen Vortrag hältst und zu deiner Rede die Folien begleitend am Bildschirm oder über einen Projektor verwenden möchtest.

Eine Bildschirmpräsentation eignet sich aber auch, wenn du die Zuschauer selbstständig deine Präsentation betrachten lassen möchtest. Du brauchst dann gar nicht anwesend zu sein und auch nichts zu kommentieren. Alle wichtigen Informationen sind in der Präsentation enthalten und die Zuschauer können die einzelnen Folien am Bildschirm oder über einen Projektor betrachten.

Bildschirmpräsentation weiterlaufen lassen
Damit du zur nächsten Folie in deiner Präsentation gelangst, klickst du mit der Maus irgendwo auf den Bildschirm oder drückst die **Enter-Taste** ⏎. So kannst du dir nach und nach alle Folien anschauen.

< Wenn die Folien auf dem Bildschirm vorgeführt werden, heißt das Bildschirmpräsentation. >

Als Letztes kommt immer eine schwarze Folie. Die ist automatisch da und zeigt an, dass die Bildschirmpräsentation zu Ende ist. Mit der **Enter-Taste** ⏎ kommst du zu PowerPoint zurück.

Die Vorführung beginnt

Du kannst die bestehenden Folien jederzeit als Bildschirmpräsentation anschauen.

Bildschirmpräsentation starten
1. Wechsle zur ersten Folie. Schnell geht das über die Tastenkombination [Strg] + [Pos 1].

2. Wähle im Menü **Bildschirmpräsentation** – **Bildschirmpräsentation vorführen**, oder klicke auf das Symbol **Bildschirmpräsentation** am linken unteren Rand des Bildschirmes.

Die erste Folie füllt nun den gesamten Bildschirm aus.

Bildschirmpräsentation beenden
Um die Bildschirmpräsentation abzubrechen, drückst du auf die **Esc-Taste** [Esc] auf der Tastatur.

< Dann machen wir 'ne Endlosschleife. >

< Erstmal kümmern wir uns um die Übergänge. >

7.5 Folienübergang – Folien gleiten

Ohne weitere Einstellungen wird jede neue Folie einfach über die vorige Folie gelegt.

Du kannst aber den Übergang von einer zur nächsten Folie verschönern. Dazu kannst du viele Effekte auswählen.

Folienübergang für alle Folien einstellen

1. Klicke auf das Symbol links unten auf dem Bildschirm, um in die Foliensortierung zu wechseln.

2. Wähle aus dem Menü **Bildschirmpräsentation** – **Folienübergang**.

3. Klicke auf den Pfeil des Listenfeldes **Effekt**.

< Da machen wir aber nicht für jede Folie einen anderen Übergang, das ist dann echt zu hektisch. >

4. Wähle aus dieser Liste **Diagonal nach rechts unten** aus.

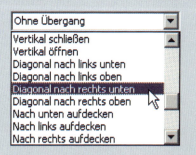

5. Klicke unter **Effekt** auf die Einstellung **Langsam**.

6. Bestätige mit [Für alle übernehmen] .

7. Teste das Ergebnis, indem du die Bildschirmpräsentation mit Klick auf 🖵 startest.

< Jetzt weiß ich auch, wie das bei unserem Reisebüro funktioniert. Da steht ein Bildschirm im Schaufenster und da werden die Angebote vorgestellt. >

Info: Wählst du [Für alle übernehmen] , werden die Einstellungen des Dialogfensters für alle Folien übernommen.

Wählst du [Übernehmen] , werden die Einstellungen nur für die aktuelle Folie übernommen.

Folienübergang – die eine geht, die andere kommt

Es gibt viele verschiedene Arten, den Folienübergang zu gestalten. Du kannst die neue Folie aus allen Richtungen reinschieben lassen: das wird **überdecken** genannt.
Die Folien kannst du auch stückchenweise **einblenden** lassen.
Es gibt einen Effekt, bei dem die Folie sich nach und nach auflöst und die neue darunter nach und nach erscheint.
Du kannst die alte Folie aus dem Bild schieben lassen, so dass die neue sichtbar wird, das nennt sich **aufdecken**.
Es gibt auch die Möglichkeit, die neue Folie wie eine Papierrolle über die alte **drüberrollen** zu lassen.

< Du kannst natürlich auch jeder Folie einen eigenen Übergang zuordnen. >

Sobald du einer Folie einen Übergang zugeordnet hast, erscheint links unterhalb in der Foliensortierungsansicht ein Symbol für den Folienübergang.

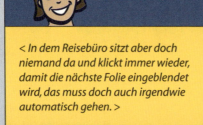

< In dem Reisebüro sitzt aber doch niemand da und klickt immer wieder, damit die nächste Folie eingeblendet wird, das muss doch auch irgendwie automatisch gehen. >

7.6 Folien lernen alleine laufen

Wenn deine Zuschauer sich die Präsentation ohne dich ansehen sollen, müssen die Folien von alleine weiterlaufen. Dazu wählst du Einstellungen, bei denen sich die Folien automatisch einblenden.

Info: Wenn du sowohl **Bei Mausklick**, als auch bei **Automatisch nach** einen Haken hast, kannst du die Folie auch mit einem Mausklick weiterblenden.

Einblendzeiten für Folien einstellen
1. Wähle die erste Folie, klicke sie dazu in der Foliensortierungsansicht an.
2. Wähle aus dem Menü **Bildschirmpräsentation** – **Folienübergang**.
3. Markiere **Automatisch nach** mit einem Haken.
4. Stelle bei **Nächste Folie 00:02** ein, indem du mit der Maus zweimal auf das obere Dreieck klickst.

Einblendzeiten für jede Folie einstellen
1. Wechsle in die Foliensortierungsansicht und klicke die zweite Folie an.
2. Wähle aus dem Menü **Bildschirmpräsentation** – **Folienübergang**.
3. Stelle bei **Nächste Folie 00:05** ein und klicke auf Übernehmen.
4. Bei den Folien mit viel Information stellst du **Nächste Folie 00:10** ein.
5. Stelle für alle Folien eine Zeit ein. Von der nächsten Seite kannst du empfohlene Zeiten übernehmen.
6. Bei der letzten Folie nimmst du **00:15**. Danach beginnt das Ganz wieder von vorne.

Info: Um für mehrere Folien eine gleiche Abspielzeit einzustellen, markiere diese Folien vorher bei gedrückter **Strg-Taste** [Strg].

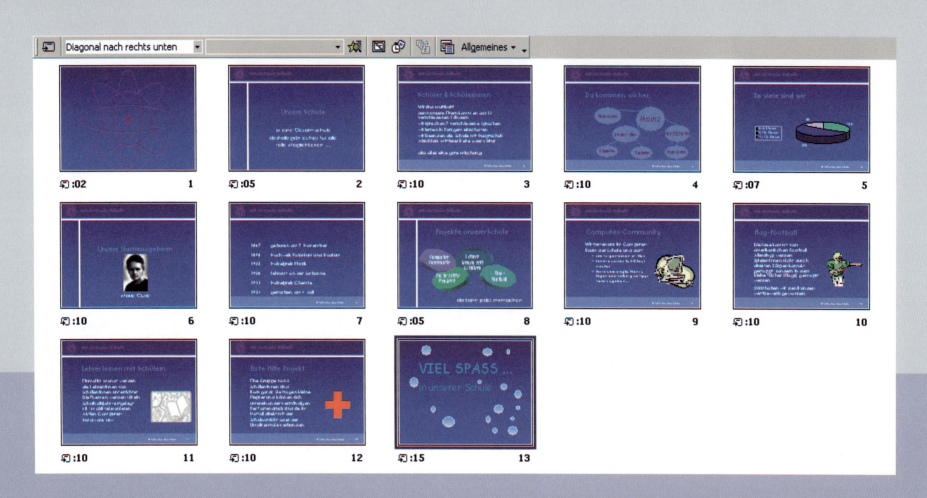

Wie lange ist genug?

Lasse die Folien auf alle Fälle lange genug stehen. Es macht keinen Sinn, wenn deine Zuschauer gerade mal Zeit haben die Überschrift zu lesen. Es muss genügend Zeit zum Lesen des gesamten Textes bleiben, bevor die nächste Folie kommt. Außerdem solltest du beim Testen beachten, dass du den Text natürlich schon sehr gut kennst und es viel länger dauert den Text zu lesen, wenn man ihn noch nicht kennt. Auf der anderen Seite solltest du Folien, auf denen nicht viel steht, auch nicht unnötig lange angezeigt lassen. Die Zuschauer werden bestimmt anfangen sich zu langweilen und bekommen vielleicht den nächsten Übergang schon gar nicht mehr mit.

Folien polieren

7.7 Folien einläuten – Sound is all around

Du kannst nicht nur den optischen Übergang der Folien gestalten, sondern auch einen akustischen Übergang. Über die akustischen Effekte wird die Aufmerksamkeit deiner Zuschauer noch mehr geweckt.

Den Sound kannst du im Dialogfenster **Folienübergang** dazumischen.

< Lass uns die Präsentation mit 'nem fetten Sound unterlegen! So schläft uns niemand ein. >

< Ja, aber vielleicht immer nur bei den Titelfolien. >

< Dazu brauchst du natürlich Lautsprecherboxen an deinem PC. >

Titelfolien mit Sound einblenden

1. Markiere die drei Titelfolien, indem du als Erstes **Unsere Schule** anklickst und anschließend bei gedrückter **Strg-Taste** [Strg] die anderen beiden Titelfolien **Unsere Namensgeberin** und **Projekte unserer Schule** markierst.

2. Wähle im Menü den Befehl **Bildschirmpräsentation** – **Folienübergang**.

3. Wähle im Listenfeld **Sound** den **Trommelwirbel** aus.

4. Bestätige mit Klick auf Übernehmen.

5. Teste das Ergebnis, indem du die Bildschirmpräsentation startest.

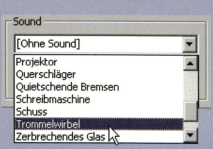

7.8 Bildschirmpräsentation ohne Ende

Die Schulpräsentation wird in einem Raum der Schule gezeigt. Alle Zuschauer können jeder Zeit während des Empfangs dort hingehen und die Präsentation anschauen. Du weißt dann natürlich nicht, wer wann kommt. Am besten wäre es, wenn die Präsentation einfach die ganze Zeit läuft. Dazu muss die Präsentation aber immer wieder von vorne beginnen.

< Das mit der Esc-Taste ist natürlich wichtig. Irgendwie muss ich die Präsentation ja wieder beenden können. >

Bildschirmpräsentation auf Endlos einstellen

1. Wähle im Menü **Bildschirmpräsentation** – **Bildschirmpräsentation einrichten**.

2. Mache einen Haken bei der Einstellung **Wiederholen, bis "Esc" gedrückt wird**.

< Aber erst kommen noch die Special Effects. Überraschung! >

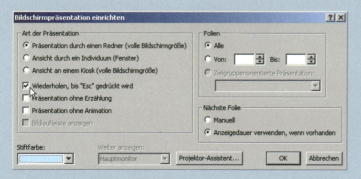

3. Bestätige mit OK .

4. Jetzt auf jeden Fall noch mal speichern mit Klick auf 💾 .

Animationen

Showeinlagen werden trainiert

8.1 Text animieren – wenn Buchstaben fliegen

Auf den Folien hast du eine Menge verschiedener Objekte – Ellipsen, Kreuze, Grafiken und Text. Jedes einzelne Objekt kannst du unterschiedlich animieren. Animieren bedeutet, dass du die Objekte auf den Folien bewegen lassen kannst. Die zeitliche Reihenfolge und die Art, wie die einzelnen Objekte eingeblendet werden sollen, kannst du auch einstellen. So wird die Bildschirmpräsentation noch lebendiger.

Eingangsanimationen

Die Objekte lassen sich richtig effektvoll animieren. Du kannst einzelne Buchstaben an ihren Platz fliegen lassen. Du kannst eine Grafik in die Folie sausen lassen und dabei ein Geräusch von quietschenden Bremsen dazugeben. Eine Grafik kannst du erst mal einige Male um sich selbst drehen lassen, bevor sie ganz sichtbar wird.

Benutzerdefinierte Animation beginnen

1. Klicke, wenn du in der Foliensortierungsansicht bist, doppelt auf die Titelfolie **Unsere Schule**. Die Folie wird in der Folienansicht angezeigt.

2. Wähle im Menü **Bildschirmpräsentation** den Befehl **Benutzerdefinierte Animation** aus.

3. Klicke auf die Registerkarte **Effekte**.

Animationen

Animation für Titel 1 zuweisen

1. Klicke auf **Titel 1**. Er ist jetzt auch in der Vorschau markiert.

2. Suche aus der Liste **Eingangsanimation und Sound** für den Titel 1 **Einblenden** aus.

3. Wähle als Ausführungsart **von innen** aus.

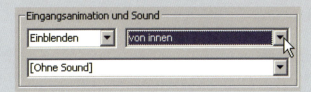

4. Klicke auf Vorschau, um die Animation sofort im Vorschaufenster ablaufen zu lassen.

Mit dem Effekt **Einblenden** wird der Titel langsam **von innen** sichtbar und nicht einfach auf einen Schlag angezeigt.

Es gibt insgesamt 18 verschiedene Effekte. Alle Effekte verändern das Anzeigen eines Folienobjektes.

Objekte geräuschvoll animieren

Du kannst die Folienobjekte auch mit einem Sound untermalen. Ähnlich wie schon für die ganze Folie.

Text 2 einen Sound zuweisen

1. Klicke auf **Text 2**, um ihn zu animieren.

2. Wähle als Effekt **Text** und als Ausführungsart **von unten rechts**.

3. Wähle als Sound **Schreibmaschine**.

4. Lasse das Fenster geöffnet.

< Das Menü brauchen wir bestimmt gleich noch. >

Auf die Reihenfolge kommt es an

Auf jeder einzelnen Folie achtest du darauf, in welcher Reihenfolge die Objekte erscheinen sollen.
Wenn du die Reihenfolge ändern möchtest, klickst du auf die Pfeile bei **Verschieben**.

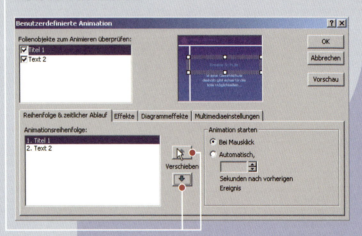

Alles zur richtigen Zeit

Das Einblenden der einzelnen Objekte darf natürlich nicht zu schnell gehen. Sonst haben die Zuschauer keine Zeit alles zu verarbeiten.

Zeit für die Animation einstellen

1. Wähle die Registerkarte **Reihenfolge & zeitlicher Ablauf**.

2. Klicke auf **Titel 1** im Bereich **Animationsreihenfolge:**.

3. Klicke auf die Einstellung **Automatisch** und gib durch Klicken auf das obere Dreieck **2 Sekunden** ein.

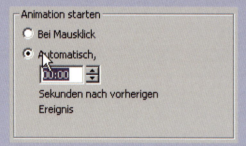

4. Gib für den **Text 2** ebenfalls die automatische Animation und eine Zeit von **00:03 Sekunden** ein.

5. Bestätige mit OK.

6. Teste das Ergebnis, indem du die Bildschirmpräsentation für diese Folie startest.

Animationen

Absätze einzeln einblenden – Text in Stücken

Hast du als Folienlayout eine Folie mit Aufzählungen gewählt, kannst du beim Animieren des Textes den gesamten Text auf einen Schlag einblenden lassen. Du kannst aber auch jeden Absatz einzeln animieren.

Info: Der Haken vor den Objekten gibt an, dass das Objekt animiert wird. Wenn du den Haken rausnimmst, wird das Objekt nicht mehr animiert. Alle Einstellungen, wie Reihenfolge, Zeit und Eingangsanimation, die du eingestellt hast, werden zurückgesetzt.

Dritte Folie animieren

1. Wechsle auf die dritte Folie **Schüler & Schülerinnen**.
2. Wähle im Menü **Bildschirmpräsentation** den Befehl **Benutzerdefinierte Animation** aus.
3. Klicke auf die Registerkarte **Reihenfolge & zeitlicher Ablauf**.
4. Stelle die Einblendzeit für Titel und Text auf jeweils **00:02 Sekunden**.
5. Wähle die Registerkarte Effekte.
6. Animiere den **Titel 1** wie angezeigt.

7. Animiere den **Text 2** wie angezeigt.

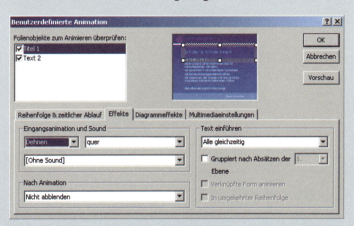

< Wenn du jeden Absatz einzeln einblenden lässt, können deine Zuschauer in aller Ruhe Absatz für Absatz lesen. >

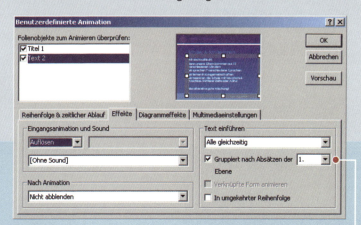

8. Bestätige deine Einstellung mit OK.

Der Haken bei **Gruppiert nach Absätzen der 1. Ebene** bewirkt, dass nicht alle Absätze auf einmal eingeblendet werden, sondern Absatz für Absatz animiert wird. Jeder Absatz wird nach zwei Sekunden eingeblendet, so wie du es im zeitlichen Ablauf eingestellt hast.

8.2 Das Logo kommt groß raus

Alle Animationen, die du mit Text machen kannst, kannst du natürlich auch mit Zeichenobjekten machen.

Das Logo auf der ersten Folie ist eine Gruppe. Dieses Objekt kannst du dann auch nur im Ganzen animieren. Ein guter Effekt entsteht aber, wenn du die Ellipsen einzeln animierst. Dazu musst du zuerst die Gruppierung des Logos aufheben.

Gruppierung des Logos zum Animieren aufheben
1. Gehe zu der ersten Folie. Schnell geht das über die **Pos 1-Taste** `Pos 1`.

2. Markiere das Logo, indem du eine Linie anklickst.

3. Wähle aus der Zeichnensymbolleiste den Befehl **Zeichnen – Gruppierung aufheben**.

4. Hebe die Markierungen auf, indem du irgendwo außerhalb des Logos auf die Folie klickst.

Info

Die Zahlen hinter den einzelnen Ellipsen ergeben sich aus der Reihenfolge, in der du die Ellipsen erstellt hast. Da du dir das nicht merken kannst und willst, wird beim Auswählen eines Folienobjektes das Objekt in der Vorschau markiert.

Mittlerer gefüllter Kreis des Logos animieren
1. Wähle im Menü **Bildschirmpräsentation** den Befehl **Benutztendefinierte Animation** aus.

2. Klicke auf die **Ellipse 6** und mache eine Haken davor. In der Vorschau wird der Kreis markiert, damit man sehen kann, welche Ellipse dieser Zahl zugeordnet ist.

3. Klicke auf die Registerkarte **Reihenfolge & zeitlicher Ablauf** und stelle bei **Animation starten 1 Sekunde** ein, damit der Kreis von alleine animiert wird, es aber nicht Fall auf Fall geht.

4. Wähle die Registerkarte **Effekte**.

5. Wähle bei **Eingangsanimation Auflösen**.

6. Stelle bei **Sound Explosion** ein.

< Genau, die Explosion haut bestimmt rein! >

Animationen

Großen Kreis rotieren lassen

Wähle für die **Ellipse 5** als **Eingangsanimation Rotieren** aus.

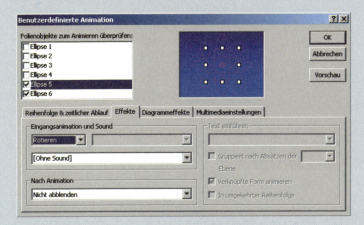

Restliche Ellipsen auflösen

1. Wähle für die **Ellipse 1** bis **4** als Animationseffekt **Öffnen** und als Sound **Glocken**.

2. Ordne der **Ellipse 2** als Animationsart **vertikal** und den **Ellipsen 1**, **3** und **4 horizontal** zu.

3. Alle Folienobjekte sollen nach **00:02 Sekunden** animiert werden.

4. Bestätige mit OK.

5. Starte die Bildschirmpräsentation, um das Ergebnis zu testen.

8.3 Diagramme animieren – keine Nullnummer

Folien mit Diagrammen kannst du auch animieren.

Diagrammfolie für Animation vorbereiten

1. Gehe zur fünften Folie **So viele sind wir** in der Folienansicht.

2. Wähle im Menü **Bildschirmpräsentation** den Befehl **Benutztendefinierte Animation** aus.

3. Gehe auf die Registerkarte **Reihenfolge & zeitlicher Ablauf**.

4. Mache vor **Titel 1** und **Diagramm 2** einen Haken, um sie animieren zu können.

5. Stelle jeweils **00:02 Sekunden** als Startzeit für den Titel und das Diagramm ein.

Titel animieren

1. Wechsle zu der Registerkarte **Effekte**.

2. Wähle als Folienobjekt **Titel 1** aus. Achtung, passe auf, dass du den Haken nicht rausnimmst.

3. Stelle als Animationseffekt **Verkürzt** ein und als Animationsart wählst du **von unten**. Lasse den Text **Wortweise** einführen.

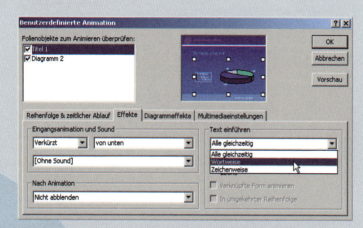

> **Info:** Mit der Einstellung **Wortweise** wird der Text Wort für Wort eingeführt. Mit **Zeichenweise** wird der Text Buchstabe für Buchstabe eingeführt.

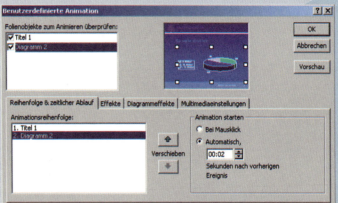

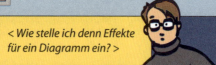

< Wie stelle ich denn Effekte für ein Diagramm ein? >

< Dafür gibt es eine extra Registerkarte. >

8 Animationen

Diagramm zur Animation auswählen

1. Gehe zur Registerkarte **Diagrammeffekte**.

2. Wähle als zu animierendes Folienobjekt **Diagramm 2**.

Die Registerkarte **Diagrammeffekte** sieht sehr ähnlich aus wie die für die normalen Effekte von Text und Objekten. Die Besonderheit an den Diagrammeffekten ist, dass du die Diagrammelemente einzeln animieren kannst. Diagrammelemente sind zum Beispiel die Legende und die einzelnen Kreissegmente der Kategorien.

Diagrammelemente animieren

1. Wähle bei **Diagrammelemente einführen** durch Klick auf ▼ die Option **nach Kategorie** aus.

2. Als **Eingangsanimation** wähle die Option **Schließen** und als Animationsart **horizontal** aus.

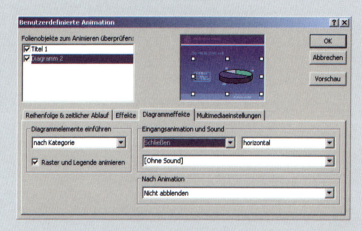

3. Bestätige mit OK.

> **Info**
> **Kategorien** meint in diesem Zusammenhang die einzelnen Spalten: Jahrgangsstufe: 5-6, 7-10, 11-13.

8.4 Folienobjekte animieren

Jetzt bleiben noch einige Folien übrig, deren Folienobjekte auch noch animiert werden können. Die erste, zweite und dritte Folie sind schon fertig. Mit der vierten Folie geht es jetzt weiter.

Auf der vierten Folie gibt es sehr viele Objekte, das dauert natürlich etwas. Einen guten Effekt kannst du erzeugen, wenn du jeweils eine Ellipse für den Ort und dann eine Verbindungslinie einblenden lässt.
Am Ende der Verbindungslinie erscheint wieder eine Ellipse und dann wieder eine Verbindungslinie. So baut sich die ganze Folie nach und nach auf.

Diesmal kannst du die Objekte sofort – also nach null Sekunden – einblenden lassen, damit ein flüssiger Aufbau entsteht.

Das Gute bei dieser Folie ist, du musst nicht jedes Objekt einzeln animieren. Los geht's!

Reihenfolge und Einblendzeiten der Objekte festlegen

1. Wechsle zur vierten Folie **Da kommen wir her**.

2. Wähle im Menü **Bildschirmpräsentation** den Befehl **Benutztendefinierte Animation** aus.

3. Stelle die Reihenfolge folgendermaßen ein:

Das ergibt in der Animationsreihenfolge:

Diese Reihenfolge hängt natürlich von der Reihenfolge, in der du die Ellipsen und Verbindungslinien erstellt hast, ab.

Animationsreihenfolge:
1. Text 2
2. Gerade Verbindung 14
3. Text 13
4. Gerade Verbindung 8
5. Text 3
6. Gerade Verbindung 12
7. Text 7
8. Gerade Verbindung 9
9. Text 4

Animationsreihenfolge:
5. Text 3
6. Gerade Verbindung 12
7. Text 7
8. Gerade Verbindung 9
9. Text 4
10. Gerade Verbindung 10
11. Text 5
12. Gerade Verbindung 11
13. Text 6

Animationen

4. Markiere alle Objekte außer den Titel.
Klicke dazu in der Liste der Folienobjekte die erste Ellipse an. Gehe dann an das Ende der Liste und halte die **Shift-Taste** ⇧ gedrückt. Klicke das letzte Folienobjekt an.

5. Stelle bei **Animation starten Automatisch** ein und gib für alle Objekte **00:00 Sekunden** an.

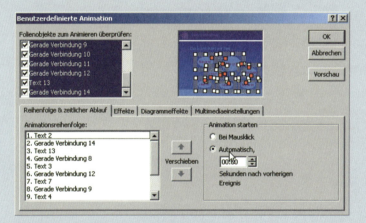

Ellipsen und Verbindungslinien animieren
1. Lasse alle Folienobjekte markiert.

2. Gehe in die Registerkarte **Effekte**.

3. Wähle als Eingangsanimation **Erscheinen**, damit die Objekte einfach direkt an ihrem Platz erscheinen.

4. Bestätige die Einstellungen mit OK.

Den Titel hast du nicht mit animiert, also wird er sofort mit der Folie mit eingeblendet.

Titel, Untertitel und Bild animieren
1. Wechsle auf die sechste Folie **Unsere Namensgeberin**.

2. Weise dem **Titel 1** den Effekt **Öffnen – horizontal** zu.

3. Weise dem **Text 2** den Effekt **Rollen – von oben** zu.

4. Weise dem **Bildrahmen 3** den Effekt **Auflösen** zu.

5. Lasse alle drei Objekte automatisch nach **00:02 Sekunden** einblenden.

6. Bestätige mit OK.

< Jetzt wird es noch mal ein bisschen anstrengend – aber bald haben wir's geschafft! >

Master darf sich auch bewegen

Objekte (Bilder, Texte, Zeichnungen usw.), die sich auf dem Folienmaster oder dem Titelmaster befinden, kannst du in der Normalansicht nicht verändern und auch nicht animieren. Wenn du möchtest, dass sich diese Objekte auch bewegen, musst du im Menü **Ansicht** auf **Master** – **Folienmaster** oder **Titelmaster** wechseln. Allerdings werden diese Teile dann auf jeder Folie gleich animiert.

Tabelle kommt aus dem Nichts

Die siebte Folie ist die Tabelle über die Daten von Marie Curie. Eine Tabelle ist ein komplettes Folienobjekt und kann auch nur im Ganzen animiert werden.

 < Schade, dass wir nicht jede Jahreszahl einzeln einblenden können. >

Tabellenfolie – Marie Curie animieren

1. Wechsle zur siebten Folie **Daten**.

2. Stelle als **Reihenfolge** erst den **Titel 1** und dann die **Tabelle 2** ein und lasse sie nach **00:02 Sekunden** automatisch animieren.

3. Weise dem **Titel 1** den Effekt **Einblenden** – **horizontal versetzt** zu.

4. Weise der **Tabelle 2** den Effekt **Zoom** – **vergrößern** zu.

Ellipsen klappen auf

Reihenfolge und Zeit einstellen

1. Wechsle zu der Titelfolie **Projekte unserer Schule** und stelle die Reihenfolge folgendermaßen ein:

2. Weise dem **Titel 1** den Effekt **Text** – **von oben** zu.

3. Weise dem **Text 2** (Lehrer lernen mit Schülern) den Effekt **Dehnen** – **von unten** zu.

4. Weise dem **Text 3** (Erste Hilfe Projekt) den Effekt **Dehnen** – **von rechts** zu.

5. Weise dem **Text 5** (Flag-Football) den Effekt **Dehnen** – **von links** zu.

6. Weise dem **Text 4** (Computer-Community) den Effekt **Dehnen** – **von links** zu.

7. Weise dem **Text 6** (da kann jeder mitmachen) den Effekt **Text** – **von links** und **Zeichenweise** zu.

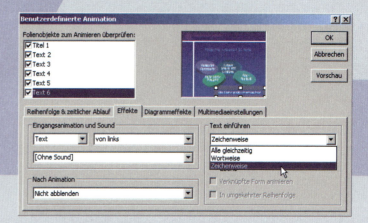

8. Gib an, dass die Ellipsen und der Text nach **00:02 Sekunden** eingeblendet werden sollen.

> **Info**
> Die Ellipsen heißen in der Folienobjektliste nicht mehr Ellipsen sondern Text, da du Text in die Ellipsen geschrieben hast. Die Reihenfolge von Text1, Text 3 und so weiter können auch anders sein.

Absätze getrennt einblenden

Die Folie über die Computer-Community hat eine Aufzählung zweiter Ebene, auch diese Absätze kannst du nach und nach einblenden lassen.

< Oh man, das ist aber ganz schön kompliziert. >

Folie animieren

1. Wechsle zur neunten Folie **Computer-Community**.

2. Animiere den **Titel 1** nicht, so dass er sofort mit der Folie angezeigt wird.

3. Gib als **Reihenfolge** erst den **Text 2** und dann das **Objekt 3** (den Clip mit dem Computer) an.

4. Lasse beide Folienobjekte nach **00:02 Sekunden** automatisch erscheinen.

5. Weise dem **Text 2** den Effekt **Spirale** zu und lasse die Texte **Gruppiert nach Absätzen der 2. Ebene** einführen.

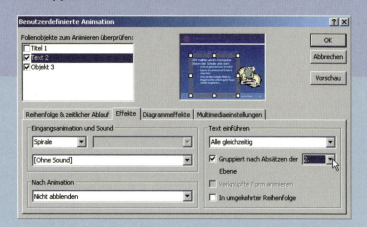

Damit werden die Absätze mit den Aufzählungspunkten nacheinander eingeblendet.

6. Weise dem **Objekt 3** den Effekt **Blenden** – **horizontal** zu. Als Sound stelle **Laser** ein.

Animationen

Bilder quietschen in die Folie

Auf der Folie über das Flag-Football gibt es eine Grafik. Du kannst einen witzigen Effekt erzeugen, wenn du den Footballspieler von links, mit dem Sound **Quietschende Bremsen** in die Folie blenden lässt.

Folie animieren
1. Wechsle zur zehnten Folie **Flag-Football**.

2. Gib als **Reihenfolge** erst den **Titel 1**, dann das **Objekt 3** und als Letztes den **Text 2** an.

3. Lasse alle Folienobjekte nach **00:02 Sekunden** automatisch erscheinen.

4. Weise dem **Titel 1** den Effekt **Text** – **von links** zu.

5. Weise dem **Objekt 3** den Effekt **Text** – **von links** und als Sound **Quietschende Bremsen** zu.

6. Weise dem **Text 2** den Effekt **Text** – **von oben rechts** und **Zeichenweise** zu.

Wörter kommen gemeinsam

Folie animieren
1. Wechsle zur elften Folie **Lehrer lernen mit Schülern**.

2. Gib als **Reihenfolge** erst den **Titel 1**, dann das **Objekt 3** und als letztes den **Text 2** an.

3. Lasse alle Folienobjekte nach **00:02 Sekunden** automatisch erscheinen.

4. Weise dem **Titel 1** den Effekt **Diagonal** – **nach links oben** zu.

5. Weise dem **Objekt 3** den Effekt **Öffnen** – **vertikal** und als Sound **Kamera** zu.

6. Weise dem **Text 2** den Effekt **Linien** – **horizontal** und **Wortweise** zu.

< Hey, das wird ein cooler Effekt. >

Kreuze fliegen aus der Mitte

Folie animieren

1. Wechsle zur zwölften Folie **Erste Hilfe Projekt**.

2. Gib als **Reihenfolge** erst den **Titel 1**, dann das **Kreuz 3** und als Letztes den **Text 2** an.

3. Lasse alle Folienobjekte nach **00:02 Sekunden** automatisch erscheinen.

4. Weise dem **Titel 1** den Effekt **Einblenden** – **von außen** zu.

5. Weise dem **Kreuz 3** den Effekt **Zoom** – **vergrößern von Bildschirmmitte** und als Sound **Glocken** zu.

Die Animation des Kreuzes sieht dann ungefähr so aus:

6. Weise dem **Text 2** den Effekt **Auflösen** und **Wortweise** zu.

< Das sind zwar viele Einstellungen, aber die Animationen werden richtig gut. >

Wasserblasen blasen sich auf

Die letzte Folie hat nur noch ein Textfeld und ganz viele Ellipsen, die Wasserbläschen darstellen sollen. Das Textfeld kannst du am besten ganz langsam von unten in die Folie gleiten lassen und dazu den Sound **Applaus** ertönen lassen. Das ergibt einen wirklich guten Abschluss. Die Wasserbläschen lässt du einzeln aufblähen, dafür kannst du den Effekt **Zoom** verwenden.

Abschlussfolie animieren

1. Wechsle zur letzten Folie.

2. Gib als **Reihenfolge** erst den **Text 1** und dann auf der ganzen Folie nach und nach alle **Ellipsen** an.

3. Lasse alle Ellipsen nach **einer Sekunde** erscheinen und den **Text 1** nach **00:02 Sekunden**.

4. Weise dem **Text 1** den Effekt **Langsam – von unten** mit dem Sound **Applaus** zu.

5. Markiere alle **Ellipsen** in der Liste der Folienobjekte und weise ihnen den Effekt **Zoom – vergrößern** zu.

< Geschafft! >

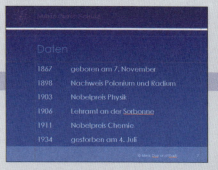

8 Animationen

 *< Ich habe mir mal alles am Stück angeschaut. Voll cool, ich habe einfach die Arme verschränkt und nur zugeschaut. Das ist fast wie fernsehen. >*

 *< Das war aber auch ein hartes Stück Brot. >*

8.5 Finale – letzter Check

Nun ist alles fertig – ist echt ein super Werk geworden. Damit macht die Schule einen richtig guten Eindruck.

Du solltest aber als Abschluss noch einmal die Bildschirmpräsentation auf die eingestellten Zeiten hin überprüfen.

Letzter Einblendzeitentest
Wähle aus dem Menü **Bildschirmpräsentation** den Befehl **Neue Einblendzeiten testen**, um abschließend die Übergänge und die Animationszeiten zu testen. Jedes Mal, wenn du glaubst, ein Objekt oder eine Folie war lange genug für die Betrachter sichtbar, drückst du die Enter-Taste ⏎, um weiter zu gehen. Achte dabei darauf, dass du auch genügend Zeit lässt, aber auch nicht zu lange.

Wenn alle Folien durchgelaufen sind, erscheint automatisch ein Dialogfenster, dass dich darauf aufmerksam macht, dass du neue Einblendzeiten erstellt hast. In dem Dialogfenster wird dir auch mitgeteilt, wie lange deine Bildschirmpräsentation insgesamt dauert. Diese Angabe ist natürlich wichtig für die gesamte Planung deiner Präsentation.

Bestätige mit **Ja**.

Alle Zeiten, die du zuvor manuell eingestellt hast, werden dann allerdings überschrieben.

Und zum Schluss nicht das Speichern vergessen, damit nichts verloren geht.

Speichern
Klicke auf das Symbol **Speichern** 💾 aus der Standardsymbolleiste.

Lässt du die Präsentation von einem anderen Rechner aus vorführen, speicherst du die Präsentations-Datei zusätzlich auf eine Diskette.
Die Präsentation soll während des Events in einem Raum über einen Beamer vorgeführt werden. Dafür gibt es noch ein paar wichtige Fragen zu klären:

- Welcher Rechner wird verwendet und wer baut diesen Rechner auf?

- Gibt es genügend Steckdosen?

- Ist auf dem Rechner PowerPoint installiert?

- Wie wird der Beamer an den Rechner angeschlossen und wie wird der Beamer bedient?

- Wird eine Leinwand benötigt?

- Wie sind die Lichtverhältnisse – muss der Raum eventuell verdunkelt werden, damit die projizierten Bilder überhaupt erkannt werden können?

- Kommen die Folien über den Beamer gut rüber – kann man die Farben gut erkennen, ist die Schrift groß genug, sind die Grafiken zu erkennen?

8 Animationen

153

< Jetzt organisieren wir uns mal den Beamer vom Hausmeister und testen die ganze Präsentation mit dem Projektor. >

< Wow ist das aufregend, ich mache eine Liste, damit nichts vergessen wid. >

< Bestimmt sind alle von unserer Präsentation voll begeistert. Sowas hat sonst bestimmt niemand. >

< Das wird ein spitzen Ereignis. >

Projekt-Ende

Wir sind am Ende, aber nicht wirklich. Das ist eine gute Gelegenheit, Erfahrungen auszutauschen und einige Sachen zu besprechen.

< Ist wirklich toll geworden. Aber irgendwann muss man aufhören, bei so vielen Möglichkeiten. >

< Mit einem Mikrofon kannst du sogar noch eigenen Text dazu quatschen. >

< Wir fragen mal den Englischkurs, ob sie Lust haben, den ganzen Text auf englisch zu übersetzten. >

< Hey klasse, dann speichern wir die Präsentation unter einem anderen Namen ab und müssen nur noch die Texte austauschen. >

Projekt-Ende

< In PowerPoint kann ich bestimmt auch einen Zeichentrickfilm herstellen, so etwas wie ein Daumenkino. Auf jeder neuen Folie ist die Bewegung einen Schritt weiter. >

< Für meinen E-Mail-Freund Kevin aus England kann ich doch zum nächsten Geburtstag eine Bildschirmpräsentation machen und die Präsentation als E-Mail-Anhang mitschicken. Der ist bestimmt voll beeindruckt. >

< Letztens habe ich eine Hausaufgabe über die EU gemacht. Bei der nächsten Hausaufgabe mache ich das gleich als PowerPoint-Präsentation und kopiere die Excel-Tabelle auf eine Folie. >

< Das mit dem E-Mail-Anhang ist eine voll coole Idee. Das probiere ich mal mit eingescannten Bildern von mir und mache eine Art Diashow draus. >

< Dann musst du aber natürlich auf die Dateigröße achten. Eingescannte Bilder werden schnell zu groß zum Verschicken. >

Logout

Das Logout testet mit dir dein Wissen.

Lösungen findest du auf der nächsten Seite.

Test it!

1. Was passiert mit dem Footballspieler, wenn du an den gekennzeichneten Bildteilen mit der Maus ziehst? Ordne den Buchstaben die entsprechende Zahl zu.

☐ A. Der Footballspieler wird dick oder dünn.
☐ B. Der Footballspieler wird proportional vergrößert.
☐ C. Der Footballspieler geht von seiner Position weg.

2. Welche Symbole, die links unten auf dem Bildschirm zu finden sind, gehören zu den entsprechenden Ansichten?

☐ A. startet die Bildschirmpräsentation ab der aktuellen Folie
☐ B. Foliensortierungsansicht
☐ C. Folienansicht

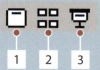

3. Mit welchen Möglichkeiten kann man mehrere Objekte markieren?

☐ A. Ein Objekt anklicken, Shift-Taste ⇧ drücken und alle anderen Objekte anklicken.
☐ B. Mit der Maus großflächig um die Objekte außen herum ziehen.
☐ C. Strg-Taste Strg drücken und alle Objekte anklicken.
☐ D. Rechte Maustaste und Befehl für Mehrfachauswahl auswählen.

4. Welche Aussage trifft zu? Eine Bildschirmpräsentation ist ...

☐ A. eine Verkaufsstrategie für Bildschirme.
☐ B. eine Präsentation, die auf einem Projektor vorgeführt wird.
☐ C. eine Präsentation, die auf einem Bildschirm vorgeführt wird.

5. Was sind alles Folienobjekte?

- ☐ A. Diagramm
- ☐ B. Kreis
- ☐ C. Folienmaster
- ☐ D. Markierung
- ☐ E. ClipArt
- ☐ F. Führungslinie

6. Was ist ein Folienmaster?

- ☐ A. Die Person, die den Computer bei einer Präsentation bedient.
- ☐ B. Vorlagen für Folien in PowerPoint.

7. Welche Taste verwendest du, um ein Objekt nur waagerecht oder senkrecht verschieben zu können?

- ☐ A. Shift-Taste
- ☐ B. Tab-Taste
- ☐ C. Strg-Taste

8. Wobei helfen dir Führungslinien?

- ☐ A. Objekte zu einer Gruppe zusammenzufügen.
- ☐ B. Objekte einfach auszurichten.

9. Was kannst du mit dem Befehl Zeichnen – Reihenfolge bestimmen?

- ☐ A. Welches Objekt im Vordergrund und welches im Hintergrund stehen soll.
- ☐ B. Welches Objekt in der Bildschirmpräsentation als Erstes eingeblendet werden soll.

10. Wo klickst du hin, um für den Text 2 den Effekt ‚Zeichenweise' einzustellen?

- ☐ A.
- ☐ B.
- ☐ C.

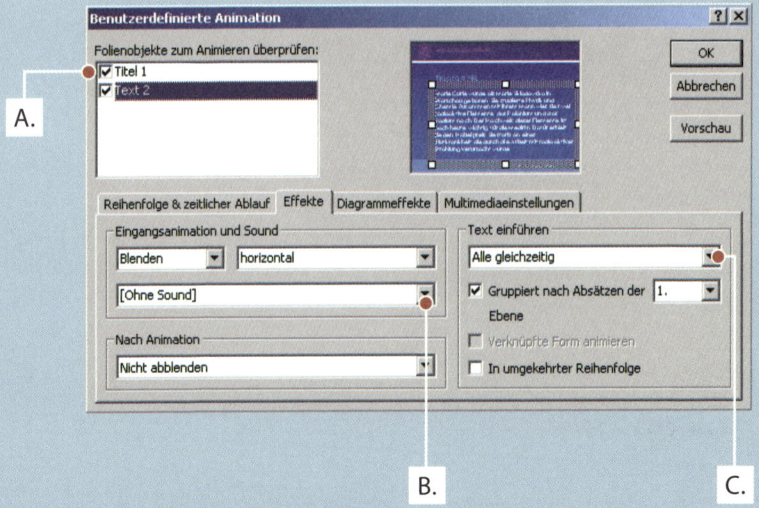

Lösungen

1.
- ③ A. Der Footballspieler wird dick oder dünn.
- ② B. Der Footballspieler wird proportional vergrößert.
- ① C. Der Footballspieler ändert seine Position.

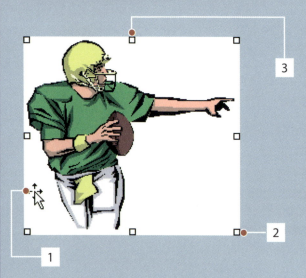

2.
- ③ A. startet die Bildschirmpräsentation ab der aktuellen Folie
- ② B. Foliensortierung
- ① C. Folienansicht

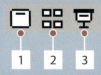

3.
A. und B. sind richtig.

A. – Damit kannst du tatsächlich mehrere Objekte markieren.

B. – Damit kannst du auch mehrere Objekte markieren, die Objekte müssen aber auf einem Haufen liegen, da alle Objekte, die umschlossen werden, markiert werden.

C. – Damit kannst du keine Objekte in PowerPoint markieren. Möchtest du aber mehrere Dateien zum Beispiel im Arbeitsplatz markieren, musst du die **Strg-Taste** Strg verwenden.

D. – Im Kontextmenü gibt es überhaupt keinen Befehl, der Mehrfachauswahl heißt. Es ist allerdings so, dass es in der Fachsprache Mehrfachauswahl genannt wird, wenn du mehrere Objekte markierst.

4.
B. und C. sind richtig. – Du kannst eine Bildschirmpräsentation sowohl über einen Projektor, als auch über einen Bildschirm direkt ablaufen lassen.

A. – Damit könnte man zwar einen Bildschirm präsentieren, aber das hat einfach nichts mit PowerPoint zu tun.

5.
A., B. und E. sind Folienobjekte. Sie sind Bestandteil einer Folie und werden bei einer Bildschirmpräsentation angezeigt.

C. – der Folienmaster ist eine Vorlage für alle Folien, aber kein einzelnes Objekt.

D. – Markierung bedeutet, dass ein Objekt mit der Maus angeklickt wurde, um es weiter zu bearbeiten.

F. – Führungslinien kann man zur Hilfe beim Folienerstellen einblenden, sie werden aber nicht bei einer Präsentation angezeigt, sind also keine Objekte.

6.
B. ist richtig.

7.
A. ist richtig.

B. – Wenn du die **Tab-Taste** während des Ziehens drückst, passiert nichts mit dem Objekt. Hast du allerdings ein Objekt markiert und drückst dann die **Tab-Taste**, werden nach und nach alle anderen Objekte dieser Folie ausgewählt.

C. – Mit der **Strg-Taste** werden Objekte aus der Mitte heraus vergrößert.

8.
A. – Eine Gruppe bildest du mit dem Befehl **Zeichnen** – **Gruppierung** aus der Zeichnensymbolleiste, das hat aber nichts mit Führungslinien zu tun.

B. ist richtig. – Es ist ganz einfach, Objekte an einer Führungslinie auszurichten. Ziehst du ein Objekt in die Nähe einer Führungslinie, wird es von der Führungslinie angezogen.

9.
A. ist richtig.

B. – Um die Einblendzeiten bei der Bildschirmpräsentation zu bestimmen, gibt es den Befehl **Bildschirmpräsentation** – **Benutzerdefinierte Animation**.

10.
C. ist richtig.

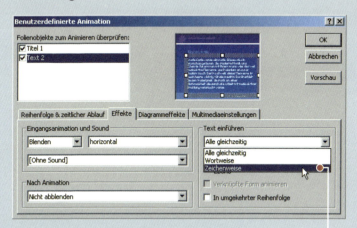
C.

Anfasserpunkte
Die acht weißen Rechtecke heißen Anfasserpunkte. Sie erscheinen, sobald du das Objekt markierst. Mit diesen Anfasserpunkten kannst du ein grafisches Objekt in seiner Größe verändern. Ziehst du an den Anfasserpunkten in den vier Ecken, wird das Objekt proportional verändert. Ziehst du an den seitlichen Anfasserpunkten, wird das Objekt in der Länge oder Breite verändert.

Animation
Animation ist das Bewegen unbewegter Objekte, wie zum Beispiel Texte und Bilder.

Aufzählung
Auflistungen, bei denen jeder neue Themenpunkt ein gleich bleibendes Zeichen vorne angestellt bekommt, nennt man Aufzählung.

- sind wir gemeinsam im Netz
- kannst du einen Surf-Check machen
- hast du die Möglichkeit zu fragen oder selber gute Tipps weiter zu geben …

Beamer
Ein Beamer ist ein Projektor. Er wird an die Bildschirmschnittstelle des Computers angeschlossen und ersetzt den Bildschirm. Mit einem Beamer kann die Präsentation an eine Wand projiziert werden. Die Bilder werden dabei vergrößert, so dass vor einem großen Publikum präsentiert werden kann.

Bildattribute
Bildattribute meinen die Helligkeit und den Kontrast bei einer Grafik. Es gibt dazu Symbole in der Grafiksymbolleiste. So kannst du eine Grafik farblich einfach der Umgebung auf der Folie anpassen.

Bildsteuerung
Über das Symbol **Bildsteuerung** 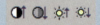 aus der Grafiksymbolleiste können voreingestellte Kombinationen von Helligkeit und Kontrast einer Grafik zugewiesen werden.

ClipArt
Das ClipArt ist eine Grafik, die aus vielen einzelnen Teilen, wie Kreisen, Rechtecken, Linien und so weiter besteht. Alle zusammen sind zu einem Bild gruppiert. Die fertigen ClipArts findest du in der Windows Clip Gallery.

Corporate Design
Einheitliches Design zum Beispiel aller Folien. Der Folienmaster ist ein gutes Werkzeug, um in PowerPoint ein einheitliches Design zu erzeugen. Bei Firmen spricht man von Corporate Design, wenn das Erscheinungsbild der Firma immer gleich ist. Also immer die gleiche Schriftart, Farbe und Blattaufteilung verwendet werden.

Design
Farbzusammenstellung und Gestaltung von Vorlagen, Objekten und Folien.

Einzug
Wenn ein Absatz nicht ganz vorne links wie alle anderen Absätze beginnt, spricht man von Einzug.
Bei einem **hängenden Einzug** beginnt die erste Zeile des Absatzes vorne links und alle anderen Zeilen des Absatzes sind nach rechts eingerückt.

Formatierungssymbolleiste

Die Formatierungssymbolleiste enthält alle Symbole, die du zum Formatieren benötigst.

Grafiksymbolleiste

Die Grafiksymbolleiste erscheint automatisch, wenn du in eine Grafik klickst. Sie bietet dir alle Symbole an, die du zur Bearbeitung einer Grafik brauchst.

Gruppierung
Du kannst Zeichenobjekte, wie Kreise, Rechtecke, Linien und AutoFormen zu einem **einzigen** neuen Objekt machen. Dazu markierst du die Objekte und verwendest den Befehl **Zeichnen** – **Gruppierung** aus der Zeichnensymbolleiste.

Interaktive Schaltflächen
Interaktive Schaltflächen sind das Gleiche für Bildschirmpräsentationen wie Hyperlinks für Internetseiten. Sie können während der Bildschirmpräsentation angeklickt werden und die Betrachter zu einer vorher definierten Folie bringen.
Die interaktiven Schaltflächen werden wie folgt eingefügt:

Korrekturpunkte
Die Korrekturpunkte sind gelbe Rauten, die du an fast allen AutoForm-Objekten findest. Wenn du an den Korrekturpunkten ziehst, wird die Form und nicht die Größe der AutoForm verändert.

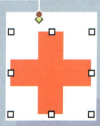

Layout
Das Layout bestimmt die Anordnung von Text- und Bildelementen auf einer Seite oder auch einer Folie. Das Folienlayout in PowerPoint ist also die Anordnung der Objekte auf der Folie.

Listenfeld
Die Listen, die sich öffnen, wenn du auf ein kleines Dreieck an einem Symbol klickst, heißen Listenfelder.

Markieren
Markieren ist superwichtig. In PowerPoint hast du mit Text, grafischen Objekten und Textfeldern zu tun.
Um ein **grafisches Objekt** mit Füllbereich zu markieren, klickst du auf das Objekt. Hat es keinen Füllbereich, klickst du zum Markieren auf die Linie. Du erkennst die Markierung eines grafischen Objektes an den weißen Anfasserpunkten.

Objekt mit Füllbereich   Objekt ohne Füllbereich

Um **Text** zu markieren, fährst du mit gedrückter linker Maustaste über den Text. Der Text wird dann schwarz oder farbig hinterlegt. Ein **Wort** kannst du ganz schnell markieren, indem du doppelt reinklickst.

Um **Textfelder** zu markieren, klickst du auf den Rand des Textfeldes. Kannst du den Rand nicht sehen, klickst du erst in das Innere des Textfeldes und anschließend auf den Rand. Der Rand wird zu einer gepunkteten Linie.

Um **mehrere Objekte** zu markieren hast du zwei Möglichkeiten:

- Du kannst mit der Maus sehr großflächig einen Markierungsrahmen um alle Objekte ziehen. Alle Objekte müssen komplett in dem Rahmen enthalten sein.

- Du klickst ein Objekt an, hältst die **Shift-Taste** gedrückt und markierst nacheinander alle anderen Objekte durch Anklicken.

Lexikon

Medienclips
Das Symbol für Medien-clips ist: .
Klangsequenzen, Musikstücke im MIDI-Format oder Videoclips werden Medienclips genannt. Zum Abspielen von Medienclips brauchst du eine Software, eine Soundkarte und zusätzlich für Videos eine Grafikkarte, die Videos abspielen kann. Die Software wird von Windows mitgeliefert und muss installiert sein.

Multimedia
Ist das Zusammenspiel von Text, Grafiken, Sound und bewegten Bildern.

Organigramm

Organigramme sind Darstellungsmöglichkeiten von Strukturen. Sie werden gerne zum Aufzeigen von Mitarbeiterstrukturen verwendet. Ganz oben ist der Chef oder die Chefin, in einem Kästchen darunter kommen die Abteilungsleiter/innen und dann die Angestellten.

Pack&Go
Ist ein Befehl im Menü **Datei** bei **PowerPoint**. Mit dem Pack&Go-Assistent kannst du eine unabhängige Bildschirmpräsentation erzeugen. Die du auf jedem beliebigen Rechner abspielen kannst – auch wenn auf diesem Rechner kein **PowerPoint** installiert ist.

Platzhalter
Platzhalter sind Felder, die dir auf der Folie vorgegeben sind, um zum Beispiel deinen Text aufzunehmen. Es gibt aber auch Platzhalter für Diagramme oder Tabellen etc. Beim Einfügen einer Folie werden die Platzhalter gleich mit eingefügt und enthalten alle Formate die du brauchst.

Präsentation
Darbietung oder Vorstellung eines Themas.

Raster
In der professionellen Grafikbearbeitung sind Blätter, aber auch Folien, in ein Raster geteilt. Das kannst du dir wie ein kariertes Blatt vorstellen. Ein Raster erleichtert die Platzierung von Objekten und Text.

Schatten
Damit wird das Objekt räumlich dargestellt. Schatten findest du als Symbol ▪ ▪ in der Zeichnensymbolleiste. Es gibt Schatten und 3D-Schatten:

 Schatten mit dem Symbol ▪

 3D-Schatten mit dem Symbol ▪

Special Effects
Das sind spezielle Effekte. Du solltest nie zu viele davon verwenden, sonst sind sie nicht mehr speziell.

Spalte
In einer Tabelle heißen alle Zellen in einer senkrechten Linie Spalte.

Standardsymbolleiste

In der Standardsymbolleiste findest du Symbole wie Speichern, Öffnen, Drucken, Ausschneiden, Kopieren, Rückgängig machen und Einfügen neuer Folien.

Storyboard
Eine Geschichte aus dem zu präsentierenden Thema machen, nennt man Storyboard. Das hilft dir schon bei der Planung. Du setzt deine Ziele, deine Kernaussagen, deine Überleitungen und deinen Schlussteil als Story fest. Das Storyboard beinhaltet, wie ein Drehbuch, alle Abläufe deiner Präsentation.

Textfeld
Textfelder benutzt du, wenn du auf einer Seite oder Folie an einer beliebigen Stelle schreiben möchtest. Du kannst sie bearbeiten wie alle anderen Objekte auch und zusätzlich Text reinschreiben. Um ein Textfeld zu erzeugen, verwendest du das Symbol aus der Zeichnensymbolleiste. Um Textfelder zu verschieben oder zu kopieren, klickst du sie an und ziehst an ihrem Rand.

Videosequenzen
Videosequenzen haben die Endung **.avi** und das Symbol.

Wave-Dateien
Wave-Dateien haben die Endung **.wav** und enthalten Klangsequenzen. Das Symbol für Wave-Dateien ist.

Zeichnensymbolleiste

Die Zeichnensymbolleiste ist standardmäßig am unteren Bildschirmrand zu finden. Sie enthält alle Symbole, die du zum Zeichnen von Objekten und deren Bearbeitung benötigst.

Zeile
In einer Tabelle heißen alle Zellen in einer waagerechten Linie Zeile.

Zellen
Ein Kästchen in einer Tabelle heißt Zelle.

Finder kommt von finden!

A

Animation
    absatzweise **137**, **146**
    Benutzerdefinierte **134**
    Diagramm **140**, **141**
    Folienmaster **144**
    Objekt **134-149**
    Objekte gemeinsam **143**
    Reihenfolge **136**
    Sound **135**
    Wortweise **140**, **147**
    Zeichenweise **140**
Ansicht
    Führungslinien **37**
    Kopf- und Fußzeile **42**
    Lineal **30**
    normal **86**
AutoInhalt-Assistent **14**
Aufzählung **29**, **116**
    Ebenen **29**, **31**
Aufzählungszeichen **29**, **116**,
Ausrichten und verteilen
    51, **52**, **55**, **76**
AutoFormen **101**, **121**
AutoKorrektur **17**

B

Bild speichern **74**
Bildschirmpräsentation **10**,
    124
    beenden **124**

Animation **134**, **138**
    endlos **131**
    Folienübergang **125**
    Neue Einblendzeiten
    testen **152**
    vorführen **124**, **125**
Bildsteuerung **120**

C

ClipArts **114**
    einfügen **115**, **118**, **119**
    Größe ändern **116**, **119**
Copyright-Zeichen **42**, **43**

D

Datei
    speichern **18**, **19**, **43**
Datenbeschriftung **109**
Diagramm
    Animation **140**, **141**
    Datenbeschriftung **109**
    Optionen **109**, **110**
    Inhalt **104**
    Kreis **107**
    Legende **110**
    Säule **107**
    Schriftfarbe **109**
    Typ **107**

E

Einblendzeiten **127**
    testen **152**
Einfügen
    AutoForm **101**, **121**
    ClipArt **115**, **118**, **119**
    Folie **15**, **60**, **70**, **89**, **92**,
    98, **114**
    Grafik **75**
    Symbole **43**
    Tabelle **92**
    Textfeld **83**
    Titelfolien **70**, **74**
    Titelmaster **66**
Einzug **30**
Ellipse
    drehen **48**, **49**
    zeichnen **46**, **62**, **79**, **99**
Entwurfsvorlage **14**

F

Fadenkreuz **32**
Farbverlauf **24**, **62**, **68**
Folie **10**, **12**
    auswählen **88**, **114**, **124**,
    130, **138**
    einfügen **15**, **60**, **70**, **89**,
    92, **98**, **114**
    leere **15**
    Titelfolien **70**, **74**
    verschieben **87**

Folienansicht **56**, **86**, **87**
Folienlayout **15**, **56**
    Aufzählung **89**, **121**
    Diagramm **103**
    leere Folie **14**
    Nur Titel **98**
    Tabelle **92**
    Text und ClipArt **114**
    Titelfolie **70**
Folienmaster **22**, **66**
    aufrufen **23**, **46**, **66**
    Objekte animieren **144**
    schließen **43**, **56**, **57**, **69**
Foliennummer **41**
Foliensortierungsansicht **87**,
    90, **125**
Folienübergang **125**
    Effekt **125**
    Einblendzeiten **127**
    Sound **130**
Format
    Aufzählung und Num-
    merierung **29**
    AutoFormat **49**
    Hintergrund **24**, **57**, **60**
    übertragen **50**, **67**
Führungslinien **37**
Fülleffekte **24**, **33**
Füllfarbe **33**, **35**, **99**, **122**
Fußzeile **23**, **41**

G

Gliederungsansicht **86**
Grafik
    Bildsteuerung **120**
    einfügen **75**
    Größe ändern **119**, **116**
Grafikelemente **32**
Gruppierung **52**, **53**
    aufheben **138**

H

Hintergrund **24**
Hintergrundobjekte
    aus Folienmaster aus-
    blenden **57**, **60**

I

Internet **72**

K

Kopieren
    Objekt **47**, **48**, **57**, **63**,
    80, **100**
    Führungslinien **38**
Korrekturpunkt **122**
Kreis
    zeichnen **50**

L

Layout **12**, **15**
Legende **110**
Lineal **30**, **32**
Linienfarbe **34**, **99**, **102**, **122**
Linienstärke **59**
Löschen
    Objekt **69**
    Spalte **105**
    Textfeld **78**
    Zeilen **104**

M

Markieren
    Animationsobjekte **143**
    Folien **130**
    mehrere **51**, **55**, **69**, **102**
    Objekt **33**, **47**, **102**, **138**
    Platzhalter **27**, **39**
    Spalte **105**
    Textfeld **27**, **78**
    Zeilen **104**
Markierung
    aufheben **138**
Menübefehle
    alle anzeigen **16**
Microsoft ClipArt Gallery **115**
    starten **118**
Microsoft Graph **104**, **110**
Miniaturbild **23**

N

Normalansicht **56**, **86**

O

Objekt **15**
    animieren **134**, **138**
    drehen **48**, **49**
    Format übertragen **50**, **67**
    Füllfarbe **33**, **35**, **99**, **122**
    Größe **39**, **58**, **76**, **122**
    gruppieren **53**
    kopieren **47**, **48**, **57**, **63**, **80**, **100**
    Linienfarbe **34**, **99**, **102**, **122**
    Linienstärke **59**
    löschen **69**
    markieren **33**, **47**, **102**, **138**
    mehrere markieren **51**, **55**, **69**, **102**
    Reihenfolge **36**, **83**
    Text einfügen **80**, **99**
    verschieben **40**, **77**, **102**
    zentrieren **51**, **52**, **55**
Office-Assistent **17**
Ordner **18**

P

Platzhalter **15**
    markieren **27**, **39**
PowerPoint **10**
    Einstellungen **16**
    starten **13**
    Symbol **13**
Präsentation **10**, **18**
    Bildschirm **124**
    leere **14**
    öffnen **14**
    prüfen **152**
    speichern **18**, **19**, **43**

R

Rechteck
    zeichnen **32**, **67**
Reihenfolge **36**, **83**
    Animation **136**
    Hintergrund **36**, **83**
    Vordergrund **36**
    Objekte **36**, **83**

S

Schatten **81**
Schriftart **27**, **41**, **54**, **99**
Schriftfarbe **28**, **54**, **61**, **99**, **109**
Schrift
    formatieren **27**, **28**
Schriftgröße **40**, **54**, **99**
Sonderzeichen **43**
Sound
    animieren **135**
Spalte
    Breite **93**, **106**
    löschen **105**
    markieren **105**
Speichern
    Bild aus Internet **74**
    Datei **18**, **19**, **43**
    Präsentation **18**, **19**, **43**
Starten
    leere Präsentation **14**
    PowerPoint **13**
Suchmaschine **72**
Symbole **43**
Symbolleiste
    anordnen **16**
    Grafik **75**, **120**
    Microsoft Graph **104**
    Tabellen und Rahmen **93**
    Zeichnen **32**

T

Tabelle **92**
Tabellenlinien
    entfernen **95**
Textfeld
    einfügen **54**, **60**, **83**
    löschen **78**
    markieren **69**, **76**, **78**
Titelfolie **66**, **70**, **74**
    einfügen **70**, **74**, **89**
Titelmaster **66**

V

Verbindungslinien **101**
Verschieben
    Folien **87**
    Objekt **40**, **77**

W

Wasserzeichen **120**

Z

Zeichnen
    Fadenkreuz **32**
    Gruppierung **53**
    Objekt **46**, **32**, **50**, **62**, **67**, **79**, **99**, **101**
    Reihenfolge **36**, **83**
    Textfeld **54**, **60**, **83**
Zeilen
    löschen **104**
    markieren **104**
Zoom **46**
    anpassen **53**
    Faktor **46**, **53**
Zwischenspeicherung **43**

Home	**1**
Login	**2**
Projekt-Start	**4**
Plan	**6**

1. Präsentation
Infos werden zu Highlights — 8

1.1	**PowerPoint – die Sache mit den Folien**	**10**
	Inhalte der Präsentation bestimmen	10
	Nur die wichtigsten Sachen nehmen	11
	Inhalte sammeln: das soll drauf	11
1.2	**Folien nach Plan**	**12**
	Gliederung der Präsentation – Schauspiel in drei Akten	12
	Start und Ende	12
	Design für die Folien	12
1.3	**PowerPoint – aller Anfang ist leer**	**13**
	Vier Möglichkeiten stehen am Anfang	14
	Folienlayout – du darfst wählen	15
1.4	**PowerPoint anpassen**	**16**
	Symbolleisten und Menübefehle anpassen	16
	Office-Assistent ausschalten	17
	Großbuchstaben, nur wenn du es willst	17
1.5	**Präsentation speichern**	**18**

2. Master der Folien
Einer für alle … — 20

2.1	**Der Folienmaster – die Basis aller Folien**	**22**
	Farben – alles eine Frage der Wirkung	22
2.2	**Folien gestalten – Farbeffekte für ein klasse Outfit**	**24**
	Hintergrundfarbe macht Stimmung	24
2.3	**Schrift – Form und Farbe bekennen**	**27**

	Aufzählung – Begriffe mit Symbol	29
	Einzüge – da wird ein- und ausgerückt	30
2.4	**Grafikelemente – einzigartig**	**32**
	Farbenfläche – schöner Abschluss der Seite	35
	Fläche – verzieht sich in den Hintergrund	36
2.5	**Führungslinien – mehr Orientierung**	**37**
	Führungslinien können einiges ausrichten	37
	Führungslinien – mehr davon	38
	Führungslinien – magnetische Anziehung	39
2.6	**Fußzeile – Platz für wichtige Nebensachen**	**41**
	Foliennummern verwenden	41
	Ein Plätzchen für die Macher	42
	Symbole – mehr als viele Worte	43

3. Logisch ein Logo

Der Anfang und das Ende		**44**
3.1	**Logo – selber machen**	**46**
	Objekte schön gleichförmig zeichnen	50
	Kreisrund – richtige Kreise zeichnen	50
	Optik – alles mittig zueinander ausrichten	51
	Gruppenauftritt – viele Teile werden ein Ganzes	52
3.2	**Der Name zum Logo**	**54**
	Logo und Schriftzug zentrieren	55
3.3	**Startfolie mit Logo anlegen**	**56**
	Extrawürste gibt es immer	57
	Logo kopieren	57
3.4	**Abschlussfolie anlegen**	**60**
	Aus Kreisen werden Wasserblasen	62
	Originale kopieren – völlig legal	63

4. Titelfolien
Immer wieder ein neues Thema   **64**

4.1	**Titelmaster – der versteckte Master**	**66**
	Titelmaster gestalten	67
4.2	**Titelfolien anlegen – Inhalte sind gefragt**	**70**
	Titelfolie für Schulbeschreibung einfügen	70
4.3	**Titelfolie mit Bildern aus dem Internet**	**72**
	Grafik auf Folie einfügen und anpassen	75
4.4	**Titelfolie mit Grafik – Klasse 3D**	**78**
	Ellipsen als Platzhalter für Text	78
	Farben für die Projekt-Titelfolie ändern	80
	3D-Schatten für die Ellipsen	81
	Reihenfolge von Objekten bestimmen	82

5. Folien mit Fakten
Text und Daten präsentieren sich   **84**

5.1	**Folie verwalten – alle oder eine**	**86**
	Alles eine Sache der Ansicht – Folienansichten	86
	Folien tauschen – einfach hin und her	87
	Von einer Folie zur nächsten gelangen	88
5.2	**Textfolie einfügen – die quetscht sich dazwischen**	**89**
	Zauberhafte Textgrößenanpassung	91
5.3	**Folie mit Tabelle – ganz listig**	**92**
	Tabelle in Form – das passt	93

6. Inhalte optisch aufpeppen
Verbindungslinien und Diagramme erstellen — 96

6.1	**Folie zur freien Gestaltung anlegen**	**98**
6.2	**Straßen bauen – Objekte verbinden**	**101**
	Alle auf einmal	102
6.3	**Folie mit Diagrammen – jetzt wird's bunt**	**103**
	Diagramm erstellen – tragende Säulen	104
	Diagramminhalt anpassen	104
	Nichts muss bleiben, wie es ist – Diagramme verändern	107
	Diagramm nachbearbeiten – alles nur für's Aussehen	108

7. Folien polieren
Mit Ideen glänzen und mit Technik blenden — 112

7.1	**ClipArts als Foliendeko – da steckt mehr drin**	**114**
	ClipArt aus der Microsoft Clip Gallery	115
	Aufzählungen – kurze Infos übersichtlich	116
	Mehr Folien mit Grafik	118
7.2	**ClipArts verändern – ganz individuell**	**119**
	Grafik nach deinem Geschmack	119
	ClipArts werden wässrig	120
7.3	**Autoformen sind keine Fahrzeuge**	**121**
	Was sind AutoFormen?	121
	Formkorrektur – bis das Ansehen stimmt	122
7.4	**Bildschirmpräsentation – fliegende Folien**	**124**
	Die Vorführung beginnt	124
7.5	**Folienübergang – Folien gleiten**	**125**
	Folienübergang – die eine geht, die andere kommt	126
7.6	**Folien lernen alleine laufen**	**127**
	Wie lange ist genug?	128
7.7	**Folien einläuten – Sound is all around**	**130**
7.8	**Bildschirmpräsentation ohne Ende**	**131**

8. Animationen
Showeinlagen werden trainiert   **132**

8.1	**Text animieren – wenn Buchstaben fliegen**	**134**
	Eingangsanimationen	134
	Objekte geräuschvoll animieren	135
	Auf die Reihenfolge kommt es an	136
	Alles zur richtigen Zeit	136
	Absätze einzeln einblenden – Text in Stücken	137
8.2	**Das Logo kommt groß raus**	**138**
8.3	**Diagramme animieren – keine Nullnummer**	**140**
8.4	**Folienobjekte animieren**	**142**
	Master darf sich auch bewegen	144
	Tabelle kommt aus dem Nichts	144
	Ellipsen klappen auf	145
	Absätze getrennt einblenden	146
	Bilder quietschen in die Folie	147
	Wörter kommen gemeinsam	147
	Kreuze fliegen aus der Mitte	148
	Wasserblasen blasen sich auf	149
8.5	**Finale – letzter Check**	**152**

Projekt-Ende   **154**
Logout   **156**
Lexikon   **160**
Finder   **166**
Infoboard   **168**

173

Infoboard

Notizen